Ikenaga 2 Jos Leys

"A relatively simple formula can generate immensely complex images."– **Jos Leys**

Manual de matemáticas para el estudiante

Investigations

IN NUMBER, DATA, AND SPACE®

en español

PEARSON
Scott Foresman
scottforesman.com

Oficinas editoriales: Glenview, Illinois • Parsippany, Nueva Jersey • Nueva York, Nueva York
Oficinas de ventas: Boston, Massachusetts • Duluth, Georgia
Glenview, Illinois • Coppell, Texas • Sacramento, California • Mesa, Arizona

TERC

The Investigations curriculum was developed by TERC, Cambridge, MA.

NSF

This material is based on work supported by the National Science Foundation ("NSF") under Grant No.ESI-0095450. Any opinions, findings, and conclusions or recommendations expressed in this material are those of the author(s) and do not necessarily reflect the views of the National Science Foundation.

ISBN: 0-328-29476-4

ISBN: 978-0-328-29476-3

3 4 5 6 7 8 9 10-V057-15 14 13 12 11 10 09 08
CC:N2

Palabras e ideas de matemáticas

Números y operaciones

Juegos

El ***Manual de matemáticas para el estudiante*** es un libro de consulta. El libro se divide en dos secciones.

Palabras e ideas de matemáticas

Estas páginas ilustran importantes palabras e ideas de matemáticas que has ido aprendiendo. En ellas se identifican los términos y conceptos importantes y se ofrecen problemas relacionados. Úsalas para repasar o profundizar temas de matemáticas.

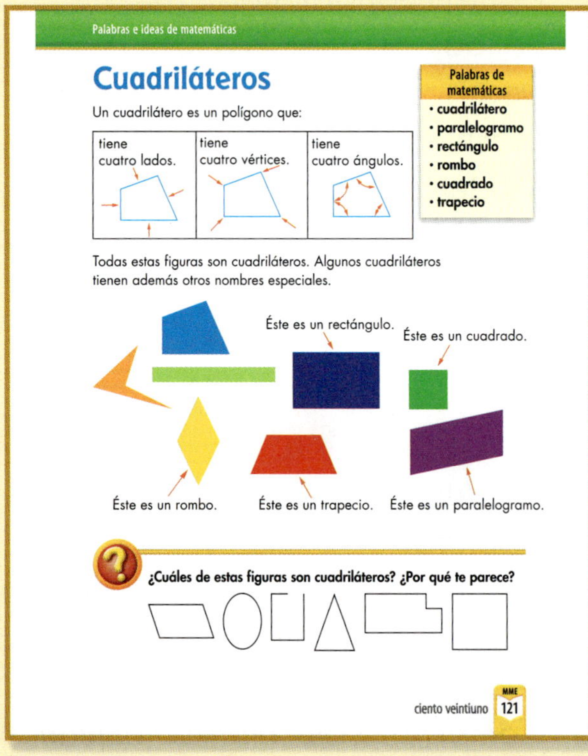

▲ Manual de matemáticas para el estudiante, pág. 121

Juegos

Puedes consultar la sección Juegos para conocer mejor las reglas antes de jugar en casa o en la escuela. En estas páginas también encontrarás listas de materiales y hojas de anotaciones para cada juego.

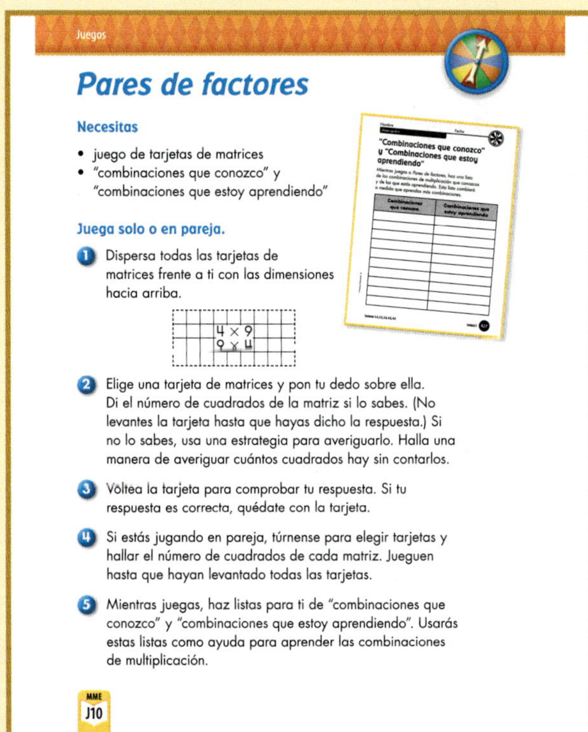

▲ Manual de matemáticas para el estudiante, pág. J10

Las secciones de **Práctica diaria** y **Tarea** contienen páginas con información muy útil del *Manual de matemáticas para el estudiante* (MME).

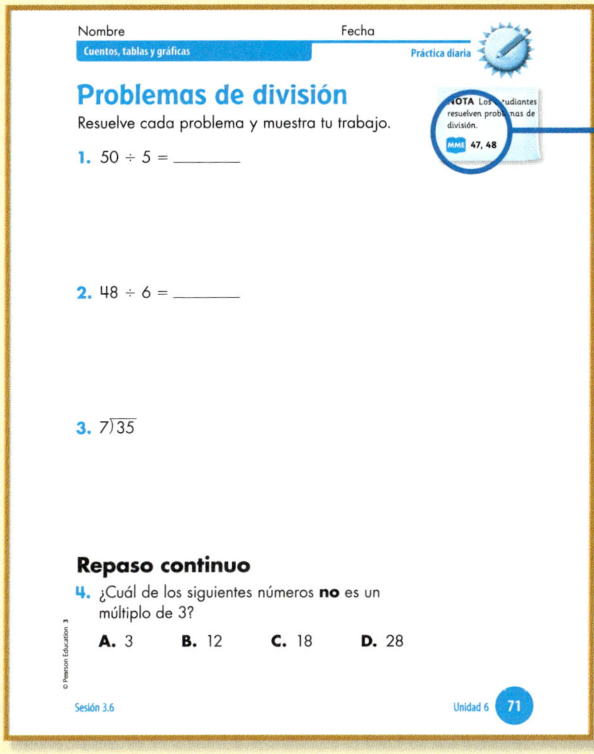

Nombre Fecha

Cuentos, tablas y gráficas — Práctica diaria

Problemas de división

Resuelve cada problema y muestra tu trabajo.

NOTA Los estudiantes resuelven problemas de división. MME 47, 48

1. $50 \div 5 =$ ______

2. $48 \div 6 =$ ______

3. $7\overline{)35}$

Repaso continuo

4. ¿Cuál de los siguientes números **no** es un múltiplo de 3?

A. 3 **B.** 12 **C.** 18 **D.** 28

© Pearson Education 3

Sesión 3.6 — Unidad 6 — 71

▲ Cuaderno de actividades, Unidad 6, pág. 71

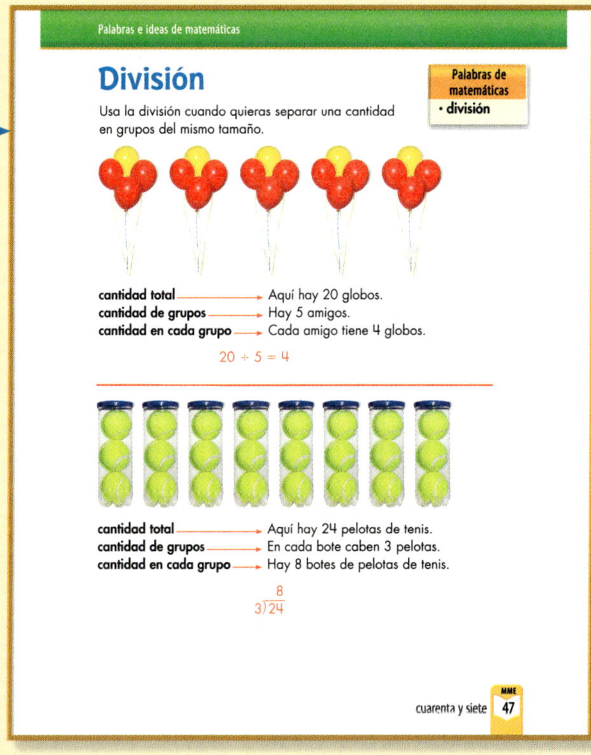

Palabras e ideas de matemáticas

División

Palabras de matemáticas
- división

Usa la división cuando quieras separar una cantidad en grupos del mismo tamaño.

cantidad total → Aquí hay 20 globos.
cantidad de grupos → Hay 5 amigos.
cantidad en cada grupo → Cada amigo tiene 4 globos.

$20 \div 5 = 4$

cantidad total → Aquí hay 24 pelotas de tenis.
cantidad de grupos → En cada bote caben 3 pelotas.
cantidad en cada grupo → Hay 8 botes de pelotas de tenis.

$3\overline{)24}$ = 8

cuarenta y siete — MME 47

▲ Manual de matemáticas para el estudiante, pág. 47

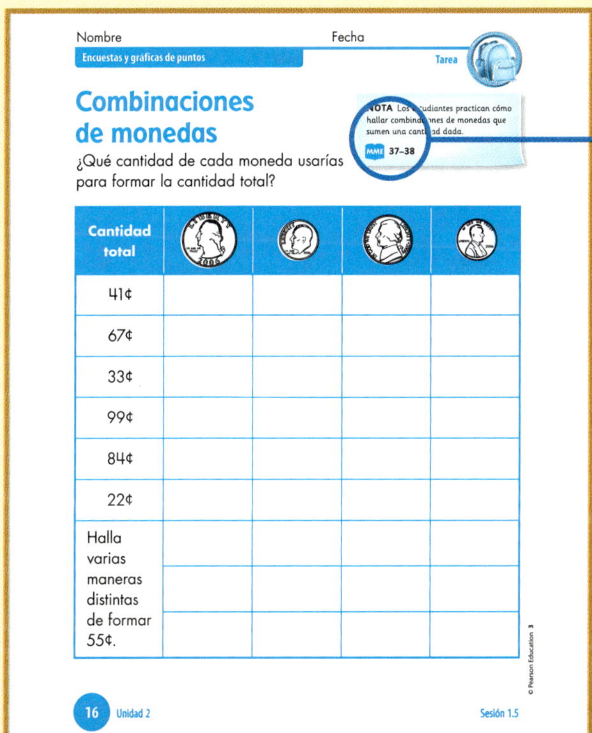

Nombre Fecha

Encuestas y gráficas de puntos — Tarea

Combinaciones de monedas

NOTA Los estudiantes practican cómo hallar combinaciones de monedas que sumen una cantidad dada. MME 37–38

¿Qué cantidad de cada moneda usarías para formar la cantidad total?

Cantidad total	(moneda de 25¢)	(moneda de 10¢)	(moneda de 5¢)	(moneda de 1¢)
41¢				
67¢				
33¢				
99¢				
84¢				
22¢				
Halla varias maneras distintas de formar 55¢.				

© Pearson Education 3

16 Unidad 2 — Sesión 1.5

▲ Cuaderno de actividades, Unidad 2, pág. 16

Palabras e ideas de matemáticas

Valores de monedas y equivalencias (página 1 de 2)

Palabras de matemáticas
- moneda de 1¢
- moneda de 5¢
- moneda de 10¢

moneda de 1¢: 1¢ o $0.01 — cara, cruz

moneda de 5¢: 5¢ o $0.05 — cara, cruz — Una moneda de 5¢ vale lo mismo que:

moneda de 10¢: 10¢ o $0.10 — cara, cruz — Una moneda de 10¢ vale lo mismo que: o o

treinta y siete — MME 37

▲ Manual de matemáticas para el estudiante, pág. 37

Representar el valor de posición

Palabras de matemáticas
- **ecuación**

Un quiosco de pegatinas es un lugar donde se venden pegatinas.

En un quiosco de pegatinas se pueden comprar hojas de cien pegatinas, tiras de diez pegatinas o pegatinas sueltas.

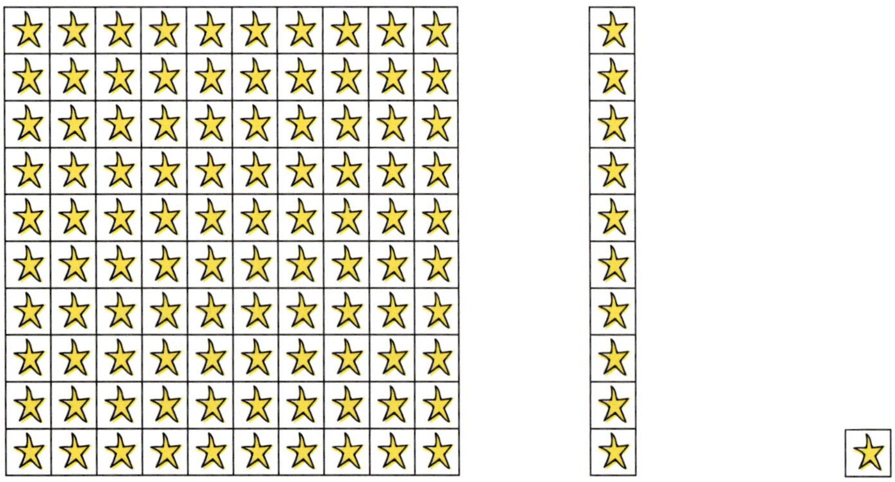

1 hoja de cien
100 pegatinas

1 tira de diez
10 pegatinas

1 suelta
1 pegatina

Ésta es una forma rápida de anotar pegatinas.

1 hoja de cien   1 tira de diez   1 suelta

Mira este bosquejo de 125 pegatinas.

Ecuación: 100 + 20 + 5 = 125

¿Cómo mostrarías 56 pegatinas? ¿Cómo mostrarías 141 pegatinas?

Valor de posición: unidades, decenas y centenas (página 1 de 2)

Palabras de matemáticas
- **igual**

10 sueltas igual 1 tira de diez

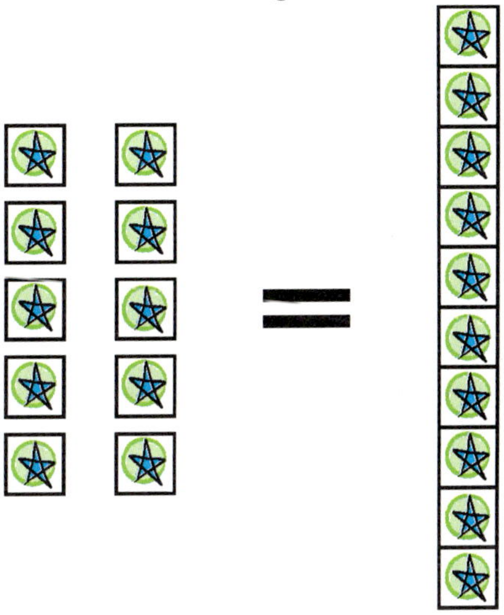

10 tiras de diez igual 1 hoja de cien

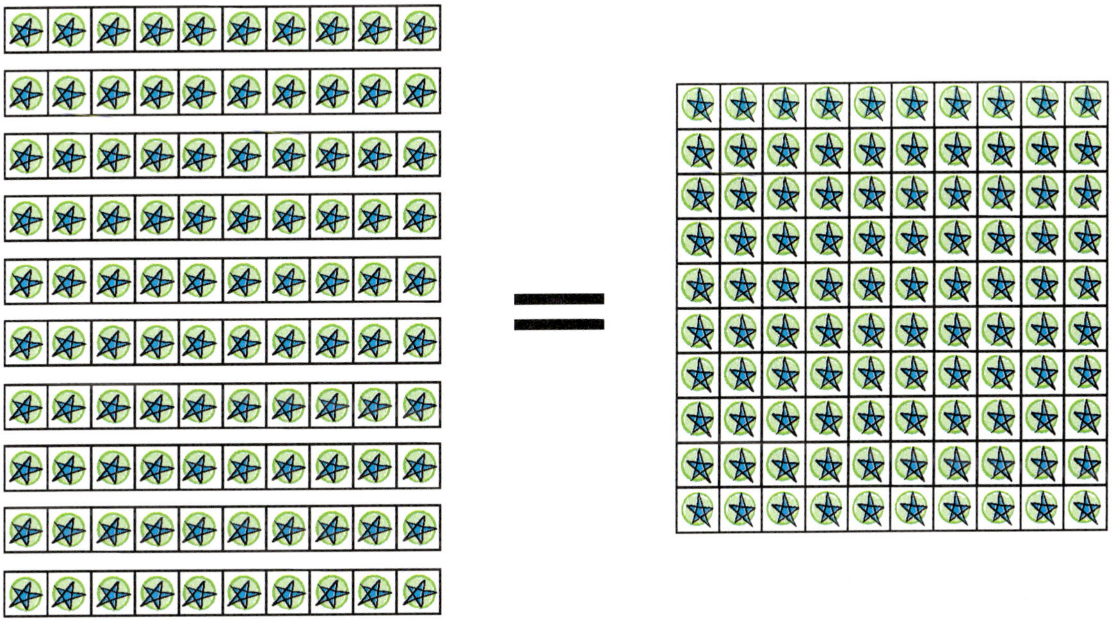

Valor de posición: unidades, decenas y centenas (página 2 de 2)

Jessica y Carlos fueron al quiosco de pegatinas. Cada uno compró 57 pegatinas.

Jessica compró 5 tiras de diez y 7 pegatinas sueltas.

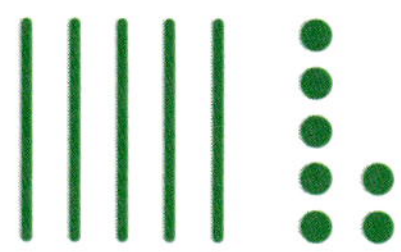

Ecuación:
50 + 7 = 57

Carlos compró 4 tiras de diez y 17 pegatinas sueltas.

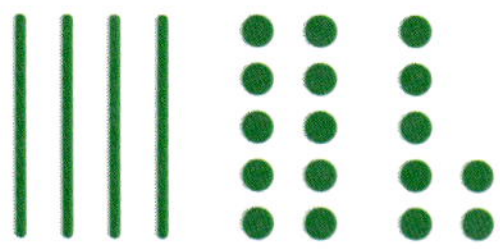

Ecuación:
40 + 17 = 57

1 tira de diez equivale a 10 sueltas.

Kevin y Mia fueron al quiosco de pegatinas. Cada uno compró 128 pegatinas.

Kevin compró 1 hoja de cien, 2 tiras de diez y 8 pegatinas sueltas.

Ecuación:
100 + 20 + 8 = 128

Mia compró 12 tiras de diez y 8 pegatinas sueltas.

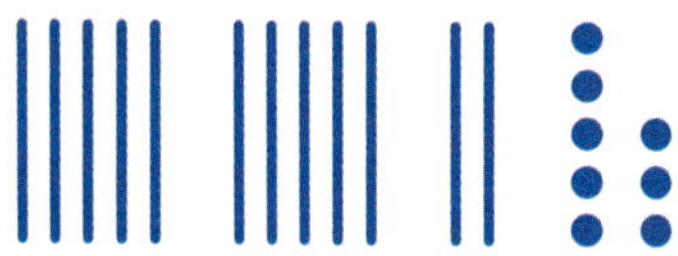

Ecuación:
120 + 8 = 128

1 tira de cien es igual a 10 tiras de diez.

Supón que vas al quiosco de pegatinas y también quieres comprar 128 pegatinas. ¿De qué otras maneras podrías comprar 128 pegatinas?

Valor de posición: muchas maneras de formar 145

Cuatro estudiantes fueron al quiosco de pegatinas y cada uno compró 145.

Estudiante	Hojas de 100	Tiras de 10	Sueltas	Ecuación
Gina compró estas pegatinas. 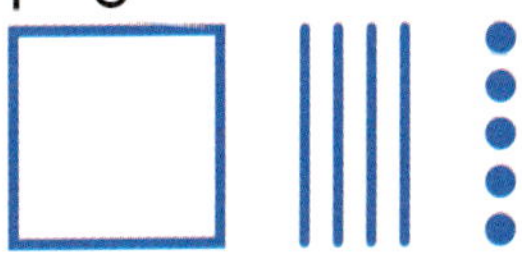	1	4	5	100 + 40 + 5 = **145**
Adam compró estas pegatinas. 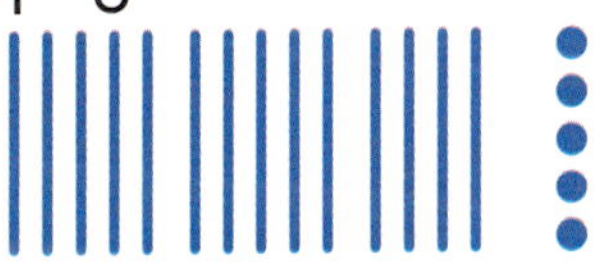	0	14	5	0 + 140 + 5 = **145**
Denzel compró estas pegatinas. 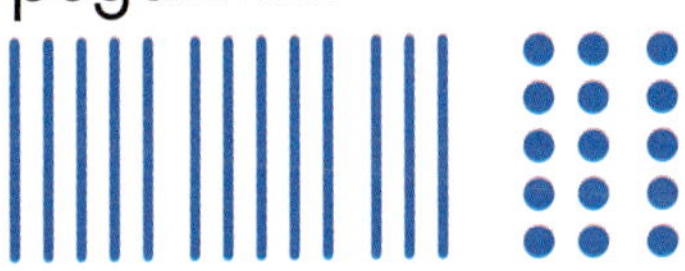	0	13	15	0 + 130 + 15 = **145**
Pilar compró estas pegatinas. 	0	12	25	0 + 120 + 25 = **145**

Supón que vas al quiosco de pegatinas y también quieres comprar 145 pegatinas. ¿De qué otras maneras podrías comprar 145 pegatinas?

Valor de posición: unidades, decenas, centenas y millares

(página 1 de 2)

Palabras de matemáticas

- valor de posición
- unidades
- decenas
- centenas
- millares
- dígito

El valor de un dígito cambia según la posición que ocupa en un número.

______	,	______	______	______
millares		centenas	decenas	unidades

En estos dos ejemplos el dígito 4 tiene diferentes valores.

El dígito 4 en la posición de las decenas representa 40.

La familia Brooks viajó 1,9**4**0 millas el verano pasado cuando fue al Cañón de Colorado.

El dígito 4 en la posición de las centenas representa 400.

Casawn tiene **4**08 pegatinas de carros en su colección.

Las pegatinas de Casawn

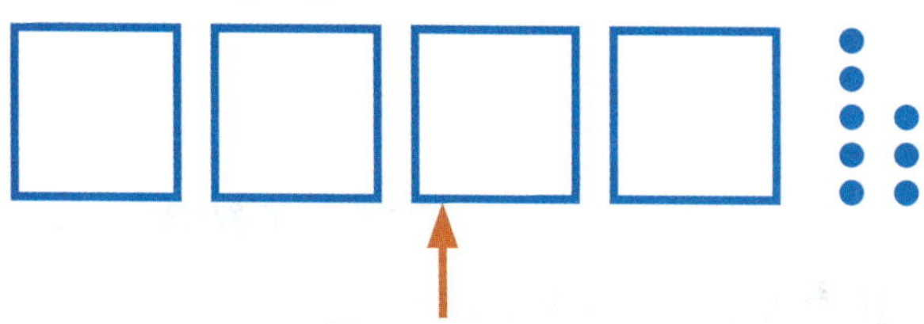

4 centenas

Valor de posición: unidades, decenas, centenas y millares

(página 2 de 2)

Observa los valores de los dígitos en estos números.

408 (cuatrocientos ocho)

El dígito 4 representa 400.
El dígito 0 representa 0 (decenas).
El dígito 8 representa 8.

400 + 0 + 8 = 408

1,940 (mil novecientos cuarenta)

El dígito 1 representa 1,000.
El dígito 9 representa 900.
El dígito 4 representa 40.
El dígito 0 representa 0 (unidades).

1,000 + 900 + 40 + 0 = 1,940

¿Cuáles son los valores de los dígitos de estos números?
325 1,867

Un problema de suma

En este problema de suma se combinan o unen dos grupos de pegatinas.

Arthur fue al quiosco de pegatinas y compró 36 pegatinas de futbol y 44 de animales. ¿Cuántas pegatinas compró en total?

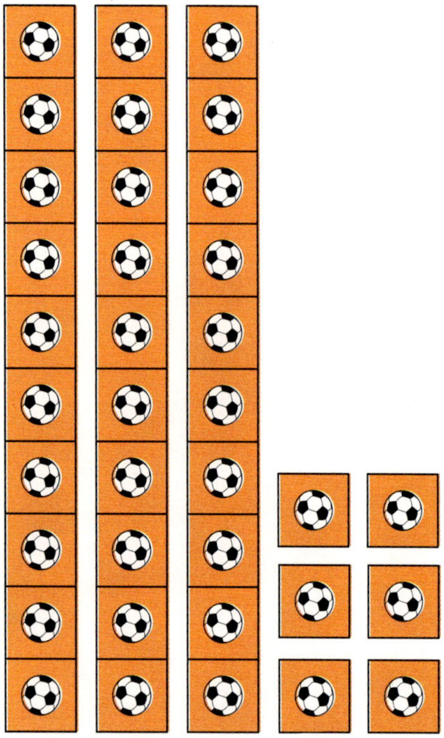

pegatinas de futbol

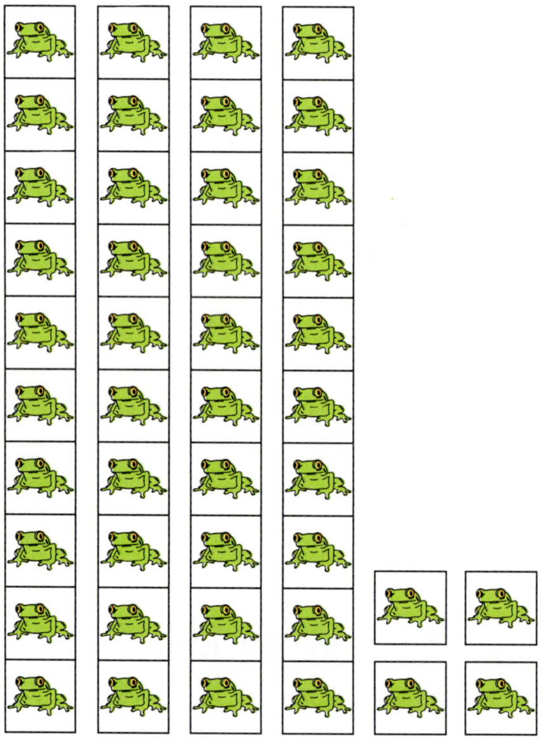

pegatinas de animales

Estas ecuaciones corresponden al problema.

$36 + 44 = ?$

$44 + 36 = ?$

Herramientas para representar problemas de suma (página 1 de 3)

En ésta y en la siguiente página verás algunas de las herramientas que puedes usar para representar problemas de suma como éste.

Arthur fue al quiosco de pegatinas y compró 36 pegatinas de futbol y 44 de animales. ¿Cuántas pegatinas compró en total?

$$36 + 44 = 80$$

Cubos

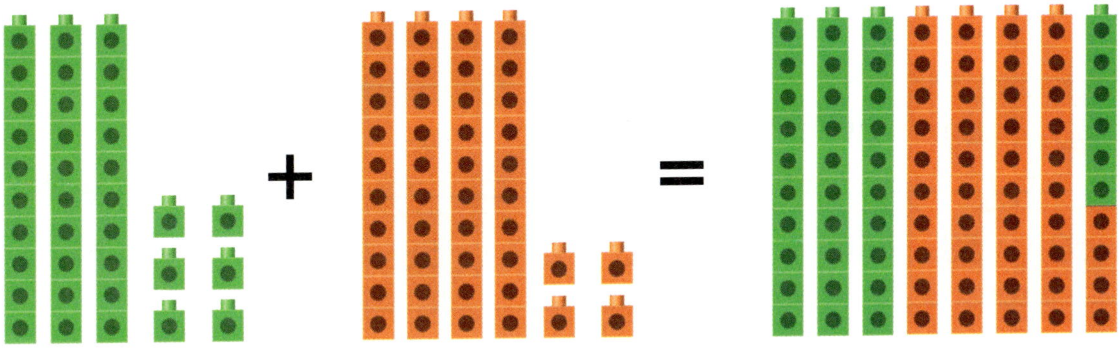

Monedas

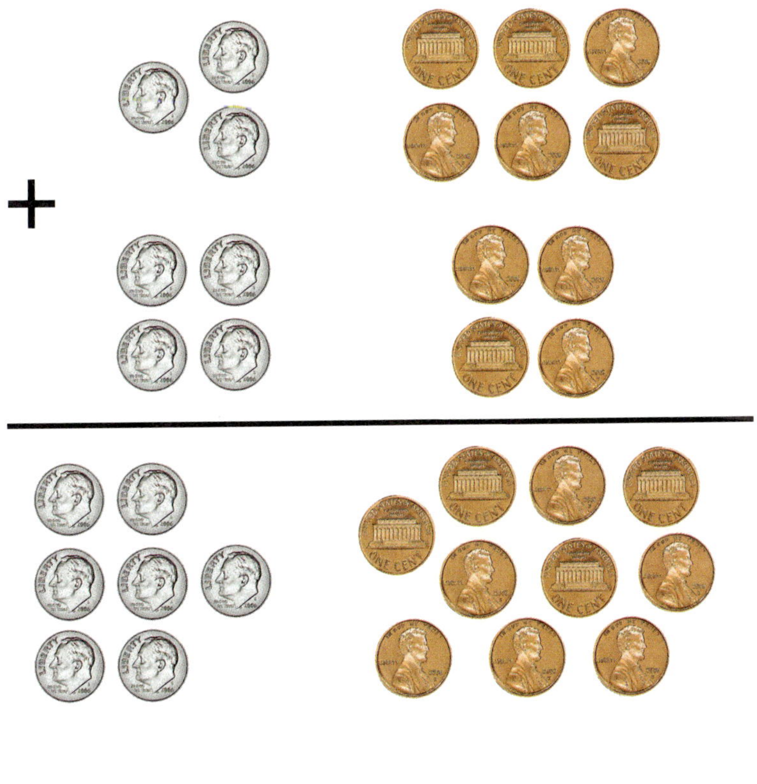

Herramientas para representar problemas de suma (página 2 de 3)

Tabla de 100

1	2	3	4	5	6	7	8	9	10	
11	12	13	14	15	16	17	18	19	20	
21	22	23	24	25	26	27	28	29	30	
31	32	33	34	35	36	37	38	39	40	+4
41	42	43	44	45	46	47	48	49	50	+10
51	52	53	54	55	56	57	58	59	60	+10
61	62	63	64	65	66	67	68	69	70	+10
71	72	73	74	75	76	77	78	79	80	+10
81	82	83	84	85	86	87	88	89	90	
91	92	93	94	95	96	97	98	99	100	

Herramientas para representar problemas de suma (página 3 de 3)

Recta numérica

Esta recta numérica está marcada con decenas de 0 a 100.

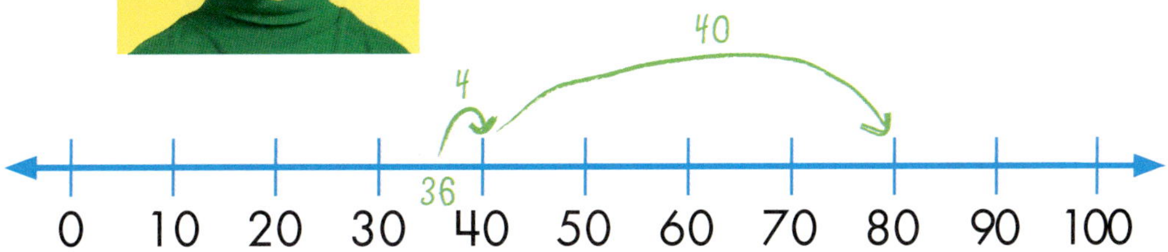

Recta numérica en blanco

Puedes hacer tu propia recta numérica usando sólo los números que necesites.

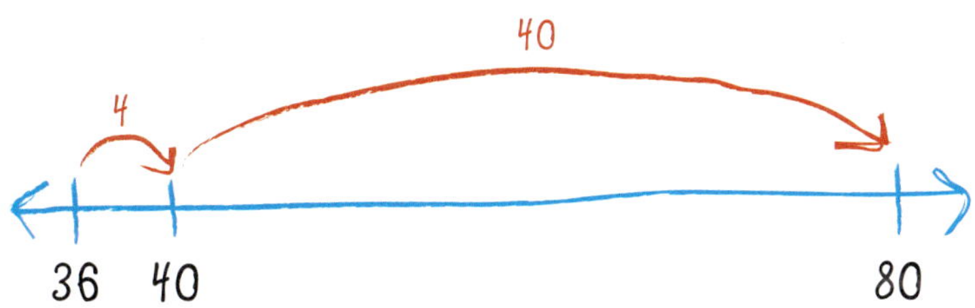

¿Dónde ves 36 en cada representación?
¿Dónde ves 44 en cada representación?
¿Dónde ves 80 en cada representación?

Combinaciones de suma

(página 1 de 4)

Palabras de matemáticas

- **suma**

Este año, uno de tus objetivos en la clase de matemáticas es repasar y practicar todas las combinaciones de suma hasta 10 + 10.

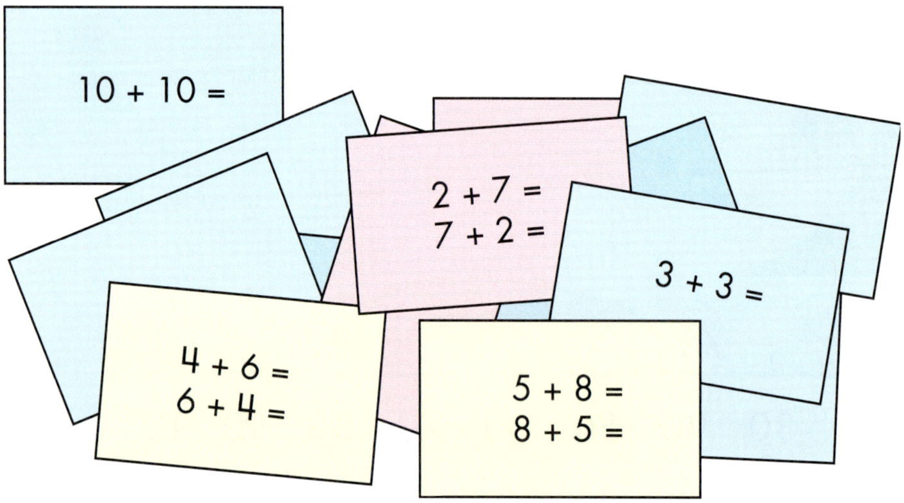

Aprender dos combinaciones a la vez

Estos dos problemas parecen diferentes, pero tienen la misma suma total.

8 + 3 3 + 8

Si sabes que 8 + 3 = 11, también sabes que 3 + 8 = 11.

¡Has aprendido dos combinaciones de suma!

¿Por qué tienen estos dos problemas la misma respuesta?

7 + 2 = 9 2 + 7 = 9

Combinaciones de suma

(página 2 de 4)

Una manera útil de aprender combinaciones de suma es concentrarse en una categoría a la vez. Aquí hay algunas categorías que quizás hayas visto antes. Probablemente ya conoces muchas de estas combinaciones.

Combinaciones que forman 10, como:

$2 + 8 = 10$
$8 + 2 = 10$

$3 + 7 = 10$
$7 + 3 = 10$

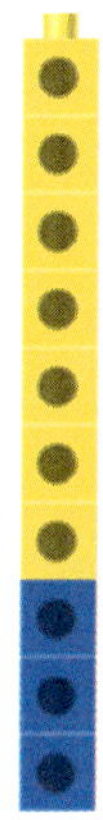

$4 + 6 = 10$
$6 + 4 = 10$

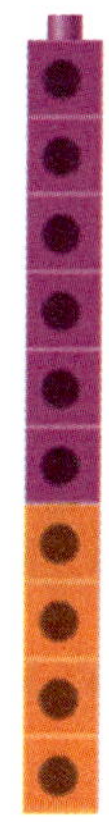

Combinaciones de dobles, como:

$6 + 6 = 12$

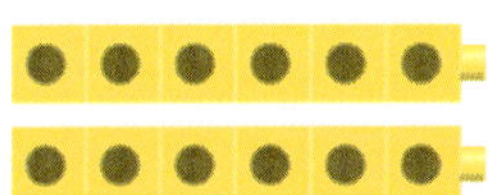

$7 + 7 = 14$

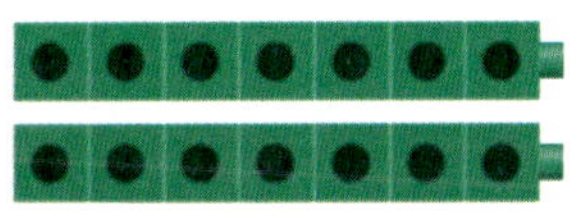

$8 + 8 = 16$

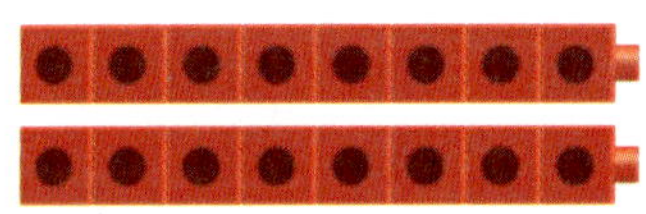

Combinaciones con 10, como:

$4 + 10 = 14$
$10 + 4 = 14$

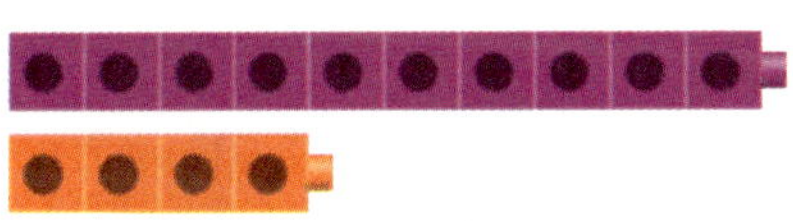

$5 + 10 = 15$
$10 + 5 = 15$

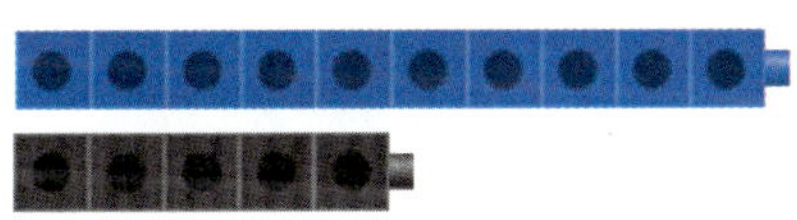

$6 + 10 = 16$
$10 + 6 = 16$

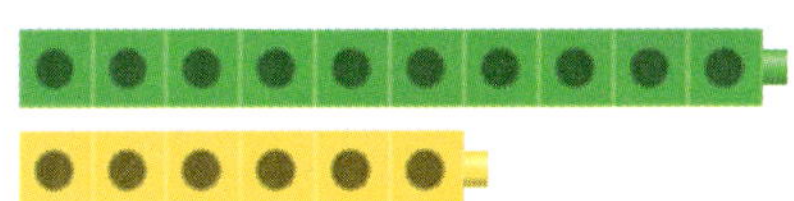

Combinaciones de suma

(página 3 de 4)

Aquí hay otras categorías que te ayudarán a aprender más sobre combinaciones de suma.

Combinaciones de casi dobles

Algunas combinaciones se acercan a una combinación de dobles que ya conoces. Aquí hay dos ejemplos.

Dobles menos 1	Dobles más 1
$6 + 7 =$ $7 + 6 =$	$7 + 8 =$ $8 + 7 =$
Piensa: $7 + 7 - 1$ 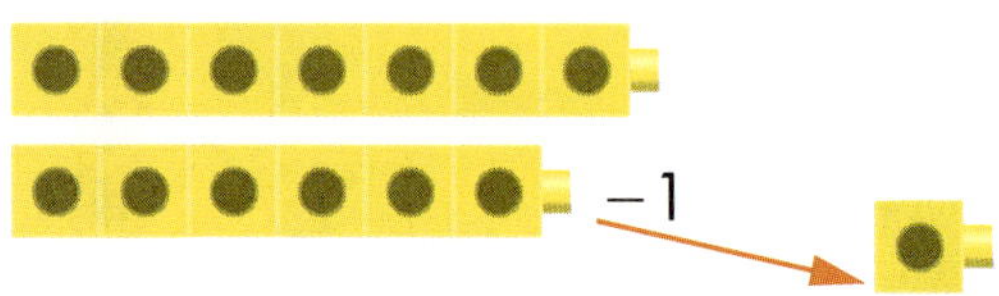 $7 + 6 = (7 + 7) - 1 =$ **13**	Piensa: $7 + 7 + 1$ 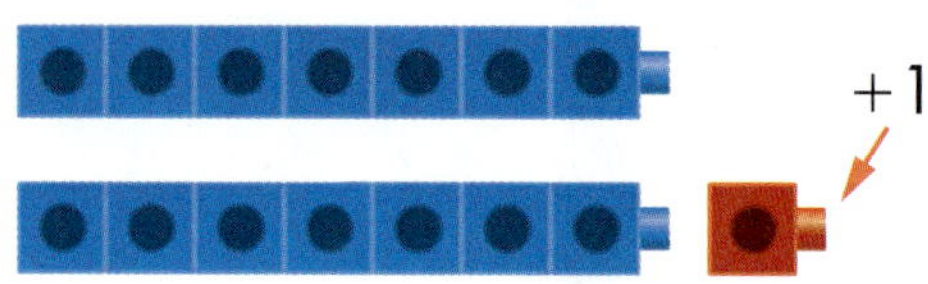 $7 + 8 = (7 + 7) + 1 =$ **15**

Combinaciones con 9

Puedes aprender algunas combinaciones relacionándolas con una combinación formada con el número 10 que ya conoces. Aquí hay dos ejemplos.

$5 + 9 =$ $9 + 5 =$	
Piensa: $9 + 1 + 4$ 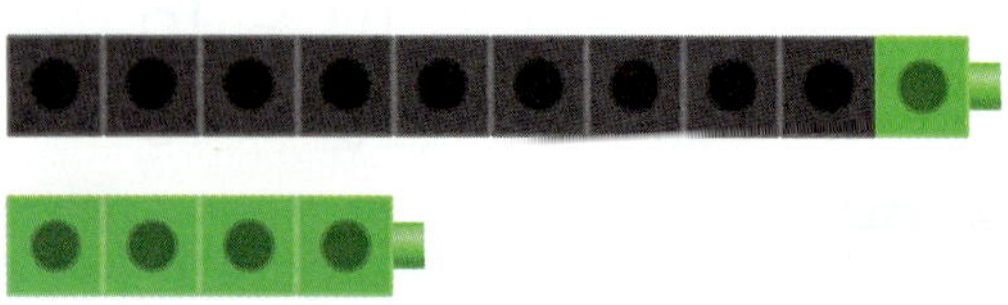 $9 + 5 = 10 + 4 =$ **14**	Piensa: $10 + 5 - 1$ 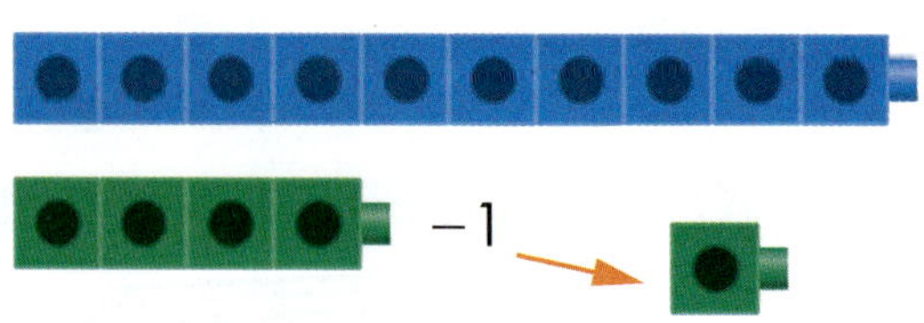 $9 + 5 = (10 + 5) - 1 =$ **14**

Combinaciones de suma

(página 4 de 4)

Cuando practiques todas las combinaciones de suma, encontrarás algunas que "ya conoces" y otras que "estás aprendiendo". Para practicar combinaciones que te resulten difíciles de recordar, usa como pista una combinación que ya conozcas.

Aquí hay algunos ejemplos. Gil e Inés usan distintas pistas para resolver 5 + 7.

Gil: *Pienso en 7 + 7 y luego resto 2.*

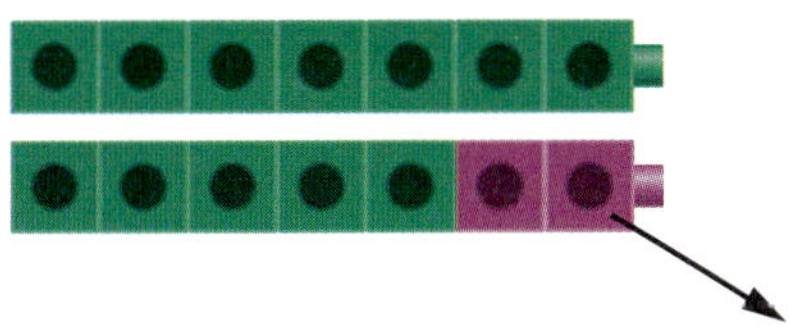

5 + 7 =

7 + 5 =

Pista: 7 + 7 - 2

Inés: *Primero sumaría 5 + 5 y luego sumaría 2 más.*

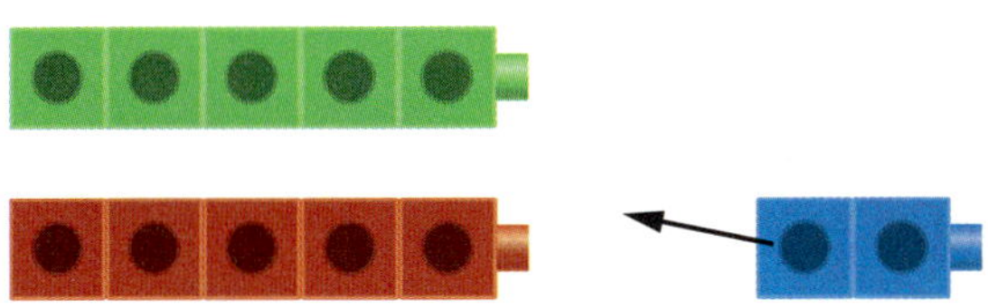

5 + 7 =

7 + 5 =

Pista: 5 + 5 + 2

¿Ya conoces estas combinaciones o las estás aprendiendo?

$$\begin{array}{r} 5 \\ +\ 7 \\ \hline \end{array} \qquad \begin{array}{r} 8 \\ +\ 6 \\ \hline \end{array} \qquad \begin{array}{r} 7 \\ +\ 4 \\ \hline \end{array}$$

Estrategias para resolver problemas de suma (página 1 de 5)

Hay distintas maneras de resolver problemas de suma.

Sumar por posición

Gina resolvió este problema sumando por posición.

Bridget fue al quiosco de pegatinas y compró 46 pegatinas de caballos y 74 pegatinas espaciales. ¿Cuántas pegatinas compró en total?

La solución de Gina

Primero, sumé las decenas.	40 + 70 = 110
Luego, sumé las unidades.	6 + 4 = 10
Luego, sumé las unidades y las decenas juntas.	110 + 10 = **120**

La solución de Gina también se puede mostrar usando bosquejos de pegatinas.

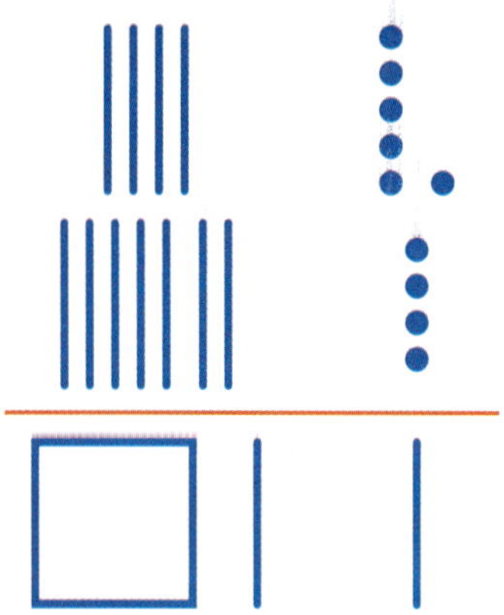

$$\begin{array}{r} 46 \\ +\ 74 \\ \hline \end{array}$$

110 + 10 = **120**

Estrategias para resolver problemas de suma (página 2 de 5)

Inés y Philip resolvieron este problema sumando por posición.

$$\begin{array}{r} 258 \\ +\ 392 \\ \hline \end{array}$$

Sumaron todas las centenas, todas las decenas y todas las unidades. Sus soluciones son similares, pero anotaron su trabajo de forma diferente.

La solución de Inés	La solución de Philip
200 + 300 = 500	258
	+ 392
50 + 90 = 140	500
	140
8 + 2 = 10	+ 10
500 + 140 + 10 = **650**	**650**

¿Cómo resolverías estos problemas?

37 + 86

$$\begin{array}{r} 463 \\ +\ 279 \\ \hline \end{array}$$

Estrategias para resolver problemas de suma (página 3 de 5)

Sumar un número por partes

Bridget fue al quiosco de pegatinas y compró 46 pegatinas de caballos y 74 pegatinas espaciales. ¿Cuántas pegatinas compró en total?

Edwin resolvió este problema comenzando en el número 74 de la recta numérica y sumándole 46 por partes.

$$46 = 20 + 20 + 6$$

La solución de Edwin

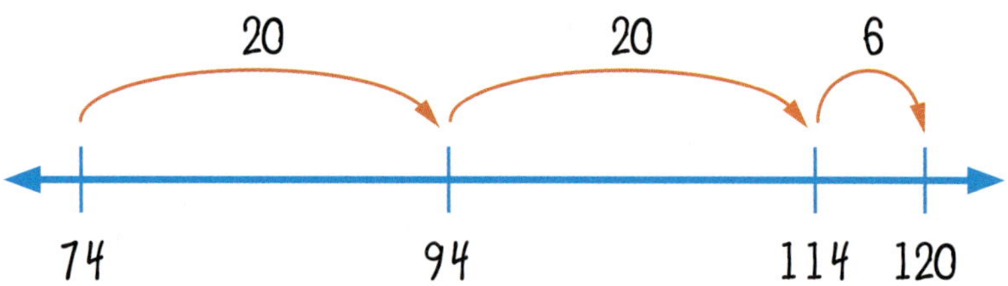

Primero, de los 46 le sumé 40 de 20 en 20.

$74 + 20 = 94$

$94 + 20 = 114$

Luego, le sumé los 6.

$114 + 6 = \mathbf{120}$

¿Podrías resolver este problema de alguna otra manera sumando un número por partes?

Estrategias para resolver problemas de suma (página 4 de 5)

$$\begin{array}{r} 258 \\ +\ 392 \\ \hline \end{array}$$

Kenji resolvió este problema comenzando en el número 258 y sumándole 392 por partes.

Solución de Kenji

$$392 = 300 + 90 + 2$$

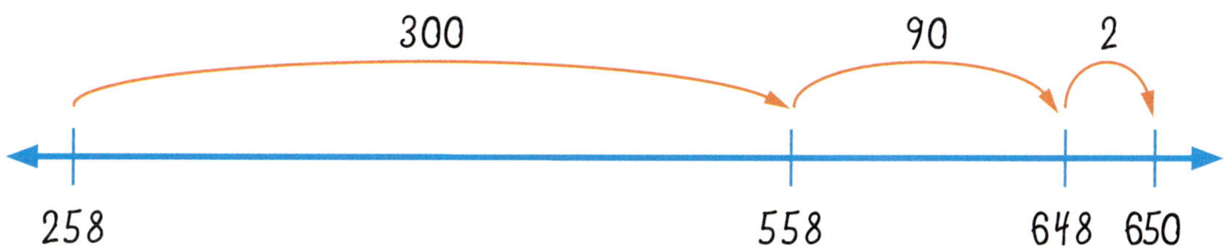

Primero, le sumé 300. $258 + 300 = 558$

Luego, le sumé 90. $558 + 90 = 648$

Luego, le sumé 2. $648 + 2 = \mathbf{650}$

Benjamin resolvió este problema comenzando en el número 392 y sumándole 258 por partes.

La solución de Benjamin

$$258 = 8 + 250$$

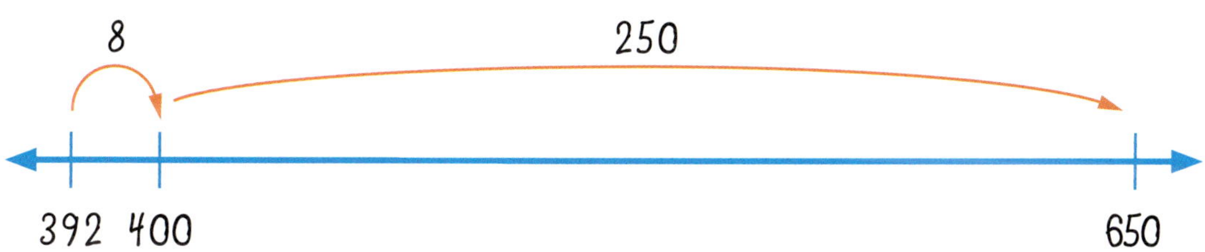

Primero, le sumé 8. $392 + 8 = 400$

Luego, le sumé 250. $400 + 250 = \mathbf{650}$

Estrategias para resolver problemas de suma (página 5 de 5)

Cambiar los números

Bridget fue al quiosco de pegatinas y compró 46 pegatinas de caballos y 74 pegatinas espaciales. ¿Cuántas pegatinas compró en total?

Kathryn resolvió este problema cambiando un número.

La solución de Kathryn

Le sumé 4 a 46 para llegar a 50. Como 50 es un número de referencia, me resulta más fácil hacer mi trabajo con este número.

$$\begin{array}{r} 74 \\ +\ 50 \\ \hline 124 \\ -\ \ 4 \\ \hline \mathbf{120} \end{array}$$

Le sumé 50 en vez de 46.

Luego, le resté los 4 que había sumado.

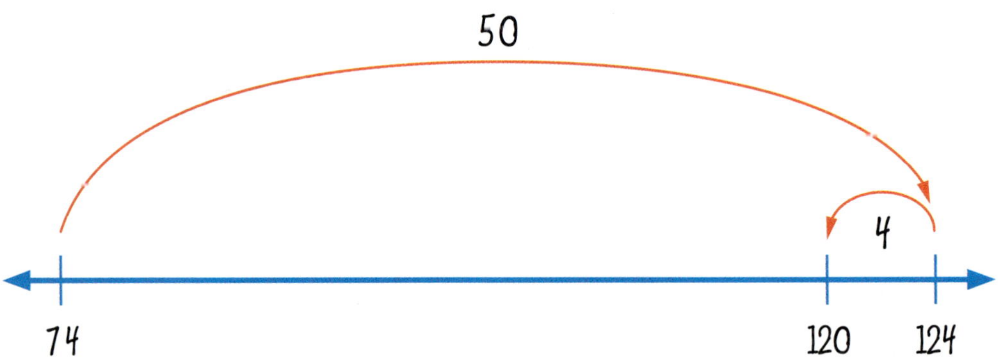

Sumar más de dos números

Aquí hay un problema de suma de más de dos números.

139 + 75 + 392

Denzel y Elena resolvieron este problema de maneras distintas.

Denzel resolvió el problema descomponiendo los números y sumando por posición.

La solución de Denzel

139	
75	
+ 392	
400	*Sumé las centenas (100 + 300).*
190	*Sumé las decenas (30 + 70 + 90).*
+ 16	*Sumé las unidades (9 + 5 + 2).*
606	*Luego, sumé las partes para hallar el total.*

Elena resolvió el problema cambiando los números para hacer el problema más fácil.

La solución de Elena

131 400 ~~139~~ + 75 + ~~392~~ 8	*Tomé 8 de 139 y se los sumé a 392. Eso creó el problema 131 + 75 + 400.*
131 + 400 = 531	*Sumé el primer número y el último número.*
531 + 5 = 536	*Le sumé 75 en dos partes.*
536 + 70 = **606**	

¿Cómo resolverías este problema?
139 + 75 + 392

Problemas de resta (página 1 de 3)

En tercer grado resuelves problemas de resta que se presentan en diferentes tipos de situaciones.

Un tipo de resta consiste en *quitar*. En segundo grado resolviste muchos problemas en los que había que quitar y este año resolverás más problemas de ese tipo.

Quitar una cantidad

Gina tenía 165 pegatinas de personas famosas. Luego, vendió 32. ¿Cuántas pegatinas le quedan a Gina?

Éstas son las maneras como algunos estudiantes resolvieron el problema.

Elena resolvió el problema dibujando 165 pegatinas y tachando 32 de ellas. Las pegatinas restantes son la respuesta.

La solución de Elena

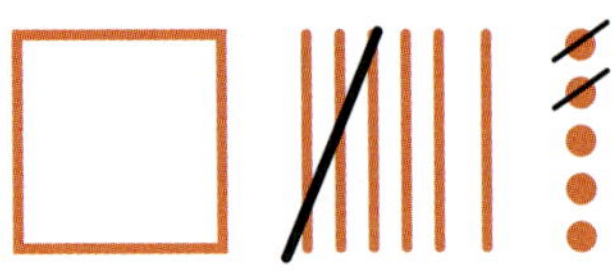

165 − 32 = ***133***

Benjamin resolvió este problema comenzando en el número 165 de la recta numérica y restándole 32. La respuesta es el número donde terminó.

La solución de Benjamin

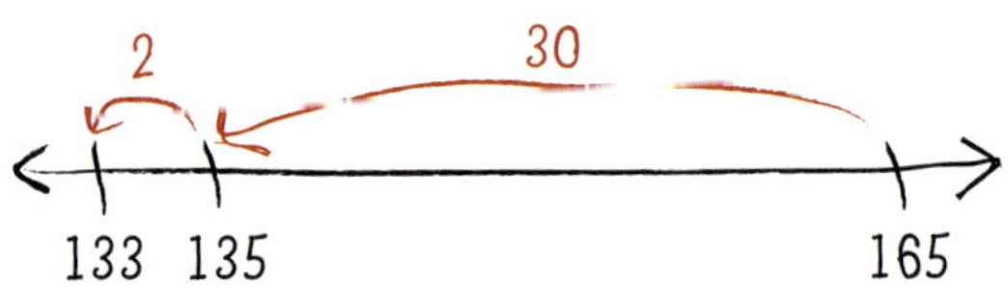

165 − 32 = ***133***

¿Cómo resolverías este problema?

Problemas de resta (página 2 de 3)

En tercer grado también puedes resolver problemas de resta en otros tipos de situaciones: hallando la parte desconocida y comparando.

Encontrar la parte desconocida de un todo

La semana pasada la familia Ruiz viajó al Lago Loon. Antes de salir ajustaron el cuentamillas de su carro a 0. Cuando se detuvieron para almorzar en el Restaurante George, el cuentamillas marcaba 87 millas. Cuando llegaron al Lago Loon, marcaba 156 millas. ¿Cuántas millas recorrieron del restaurante al lago?

En este problema de resta, la parte desconocida es la distancia entre el restaurante y el lago.

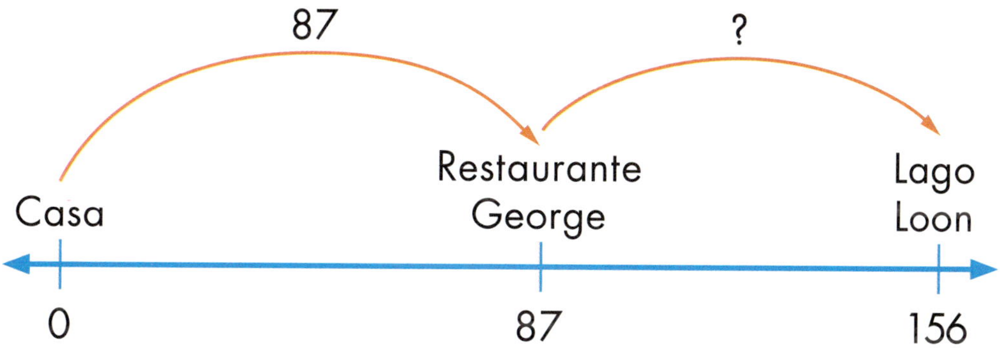

Problemas de resta (página 3 de 3)

Comparar dos cantidades

La serpiente arco iris del Instituto de la Naturaleza mide 53 pulgadas de longitud. La boa constrictora mide 84 pulgadas de longitud. ¿Cuánto más larga es la boa constrictora?

En este problema de resta se compara la longitud de dos serpientes para averiguar cuánto más larga es una que la otra.

La serpiente arco iris mide 53 pulgadas de largo.

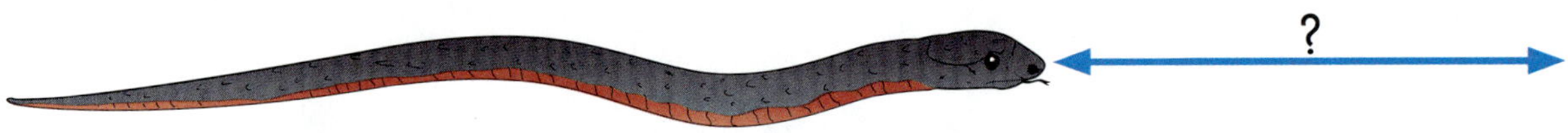

La boa constrictora mide 84 pulgadas de largo.

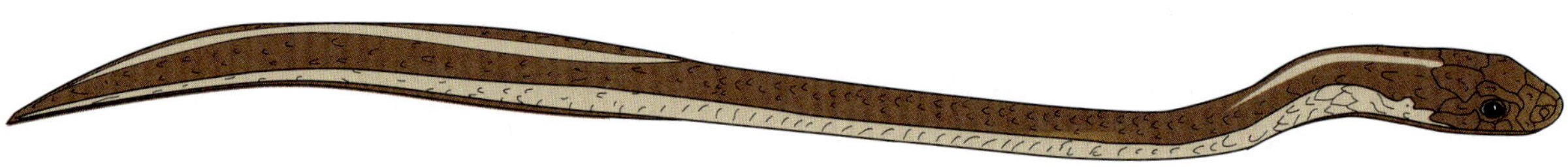

Herramientas para representar problemas de resta (página 1 de 2)

En ésta y en la siguiente página verás algunas de las herramientas que puedes usar para representar problemas de resta como el siguiente.

La clase de la Sra. Santos está recolectando latas para un proyecto de reciclaje. Su objetivo es recolectar 175 latas. Hasta ahora los estudiantes han recolectado 63 latas. ¿Cuántas latas más necesitan recolectar para lograr su objetivo?

$$63 + \underline{112} = 175 \text{ o}$$
$$175 - 63 = \underline{112}$$

Bosquejo de pegatinas

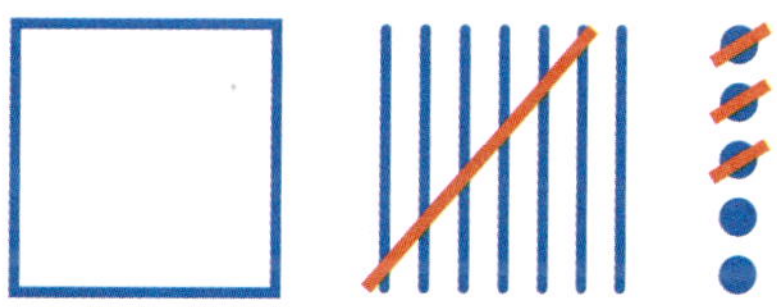

La respuesta es 112, que es la cantidad de pegatinas que queda.

Recta numérica

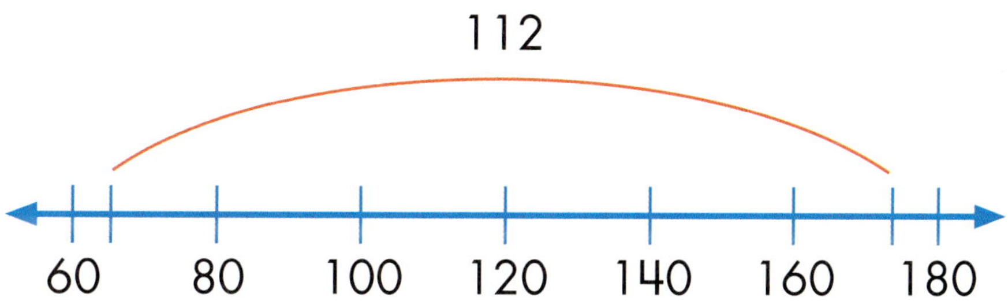

La respuesta es 112, que es la distancia que se muestra entre los números 63 y 175 de la recta numérica.

Herramientas para representar problemas de resta (página 2 de 2)

Tabla de 200

1	2	3	4	5	6	7	8	9	10
11	12	13	14	15	16	17	18	19	20
21	22	23	24	25	26	27	28	29	30
31	32	33	34	35	36	37	38	39	40
41	42	43	44	45	46	47	48	49	50
51	52	53	54	55	56	57	58	59	60
61	62	63	64	65	66	67	68	69	70
71	72	73	74	75	76	77	78	79	80
81	82	83	84	85	86	87	88	89	90
91	92	93	94	95	96	97	98	99	100
101	102	103	104	105	106	107	108	109	110
111	112	113	114	115	116	117	118	119	120
121	122	123	124	125	126	127	128	129	130
131	132	133	134	135	136	137	138	139	140
141	142	143	144	145	146	147	148	149	150
151	152	153	154	155	156	157	158	159	160
161	162	163	164	165	166	167	168	169	170
171	172	173	174	175	176	177	178	179	180
181	182	183	184	185	186	187	188	189	190
191	192	193	194	195	196	197	198	199	200

112

¿Dónde ves 175 en cada representación de las páginas 29 y 30? ¿Dónde ves 63 en cada representación? ¿Dónde ves 112 en cada representación?

Operaciones de resta relacionadas con combinaciones de suma

Uno de tus objetivos este año es repasar y practicar todas las combinaciones de suma hasta 10 + 10. Puedes repasar estrategias para practicar las combinaciones de suma de las páginas 16–19.

Otro objetivo es aprender las operaciones de resta relacionadas con combinaciones de suma.

Piensa en las combinaciones de suma que conoces cuando resuelvas problemas relacionados de resta. Aquí hay unos ejemplos.

$6 + \underline{4} = 10$

Piensa

$10 - 6 = \underline{4}$

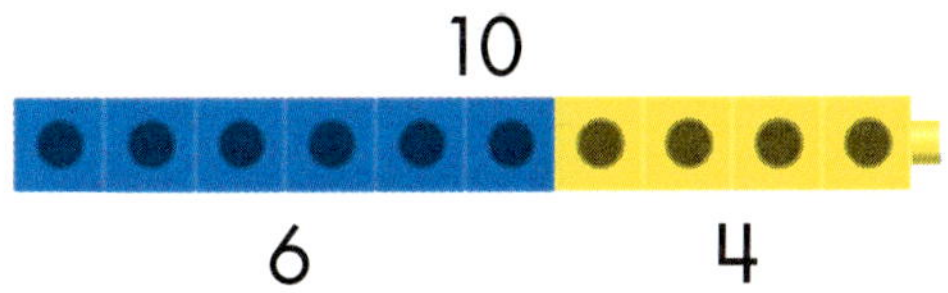

$6 + \underline{9} = 15$

Piensa

$15 - 6 = \underline{9}$

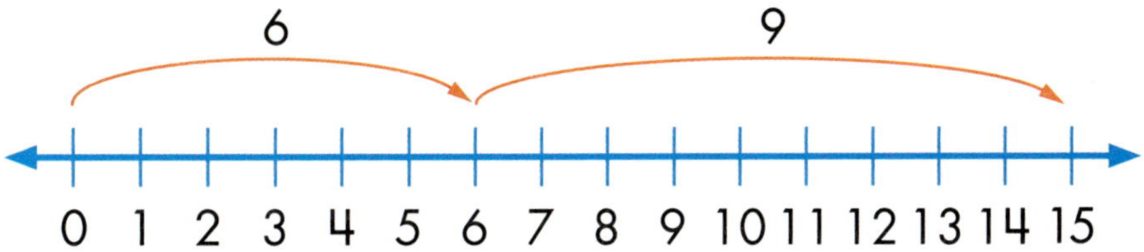

$8 + \underline{8} = 16$

Piensa

$16 - 8 = \underline{8}$

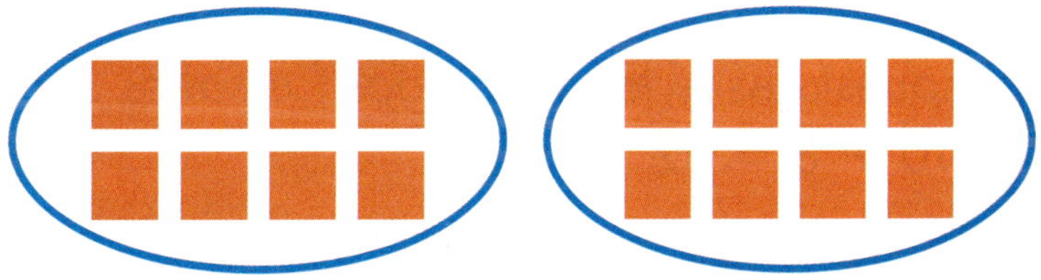

Estrategias para resolver problemas de resta (página 1 de 4)

Los problemas de resta pueden resolverse de distintas maneras.

$144 - 82 = \_\_\_\_$

Sumar hacia adelante

Bridget resolvió este problema sumando hacia adelante. Comenzó en el número 82 y sumó hacia adelante hasta llegar al 144. Usó 100 como número de referencia.

La solución de Bridget

$82 + \_\_\_\_ = 144$

$82 + \underline{18} = 100$

$100 + \underline{44} = 144$

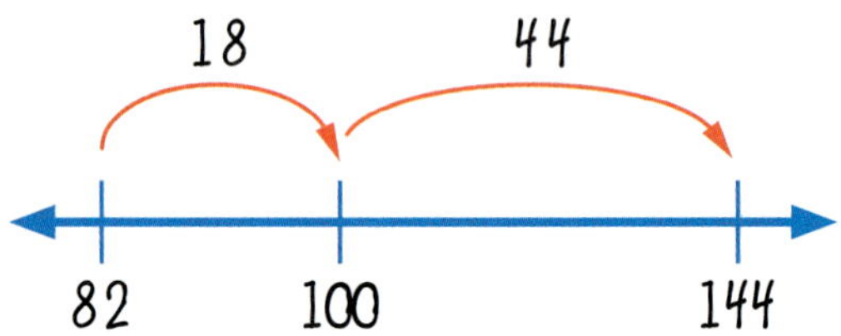

Bridget: *La respuesta es el total de los dos saltos del 82 al 144.*
18 + 44 = ***62***

Restar hacia atrás

Keith resolvió el problema restando hacia atrás. Comenzó en el número 144 y restó hacia atrás hasta llegar al 82.

La solución de Keith

$144 - \_\_\_\_ = 82$

$144 - \underline{4} = 140$

$140 - \underline{40} = 100$

$100 - \underline{10} = 90$

$90 - \underline{8} = 82$

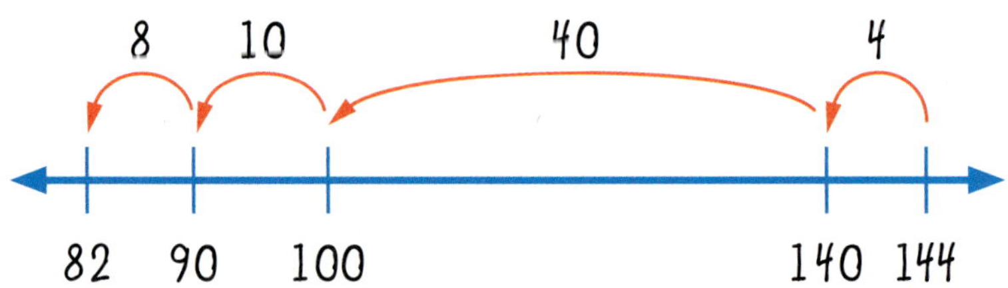

Keith: *La respuesta es el total de todos los saltos del 144 al 82.*
4 + 40 + 10 + 8 = ***62***

Estrategias para resolver problemas de resta (página 2 de 4)

Este problema puede resolverse de distintas maneras.

$$\begin{array}{r} 924 \\ -\ 672 \\ \hline \end{array}$$

Sumar hacia adelante

Jung resolvió este problema comenzando en el número 672 y sumando hacia adelante hasta llegar al 924.

La solución de Jung

672 + ____ = 924

672 + 200 = 872

872 + 28 = 900

900 + 24 = 924

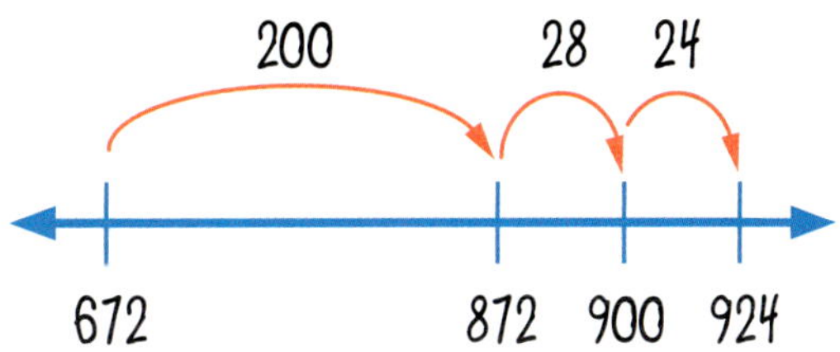

Jung: *La respuesta es el total de todos los saltos del 672 al 924.*
200 + 28 + 24 = ***252***

Restar hacia atrás

Gil resolvió el problema comenzando en el número 924 y restando hacia atrás hasta llegar al 672.

La solución de Gil

924 − ____ = 672

924 − 24 = 900

900 − 200 = 700

700 − 28 = 672

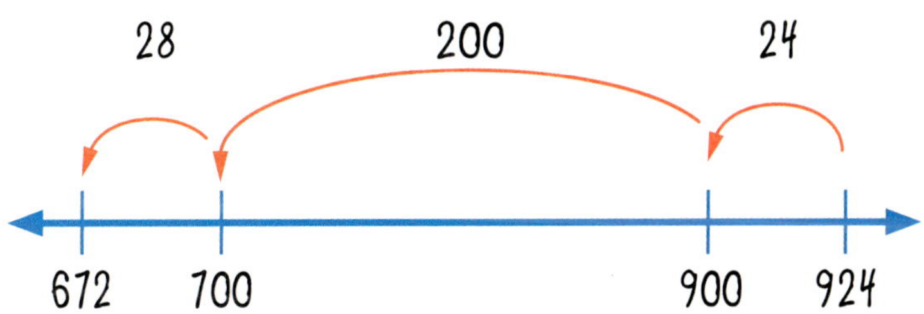

Gil: *La respuesta es el total de todos los saltos del 924 al 672.*
24 + 200 + 28 = ***252***

Estrategias para resolver problemas de resta (página 3 de 4)

Restar un número por partes

144 − 82 = ____

Kim resolvió este problema comenzando en el número 144 y restándole 82 por partes.

La solución de Kim

Comencé en el número 144 de la recta numérica.

Resté 40 y llegué al 104. 144 - 40 = 104

Resté 42 y llegué al 62. 102 - 42 = 62

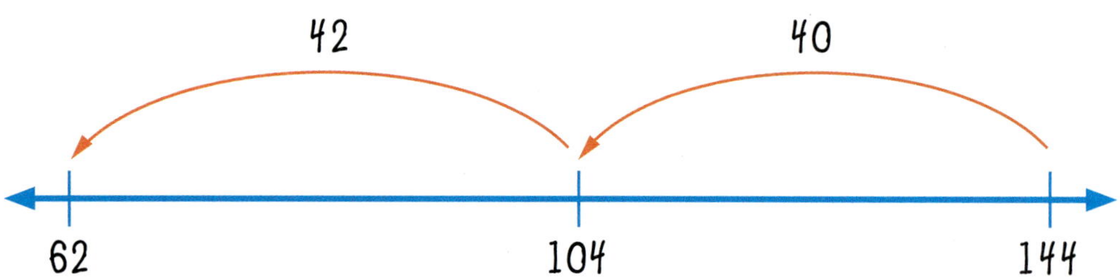

Estrategias para resolver problemas de resta (página 4 de 4)

$$\begin{array}{r} 924 \\ -\ 672 \\ \hline \end{array}$$

Arthur resolvió este problema comenzando en el número 924 y restándole 672 por partes.

La solución de Arthur

Comencé en el número 924 de la recta numérica.

Resté 600 y llegué al 324. $924 - 600 = 324$

Resté 20 y llegué al 304. $324 - 20 = 304$

Resté 50 y llegué al 254. $304 - 50 = 254$

Arthur: *Luego, resté 2 y llegué al 252.* $254 - 2 = 252$

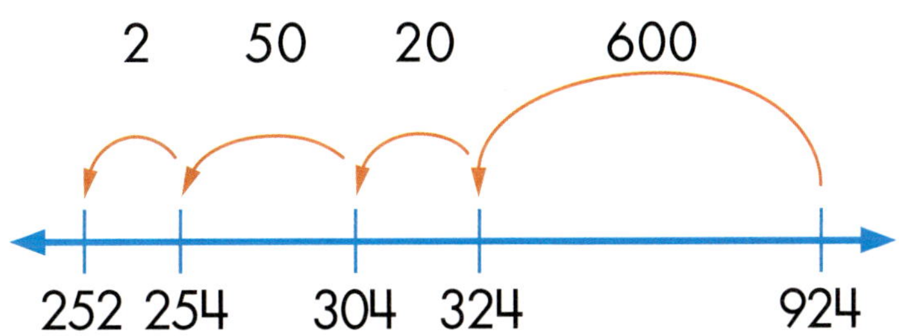

La respuesta es el número donde terminé. $924 - 672 = \mathbf{252}$

¿Cómo resolverías estos problemas?

Sumar y restar decenas y centenas

Cuando cuentas por decenas, cuentas en múltiplos de 10.

10, 20, 30, 40, 50, 60, 70, ...

¿Qué pasa cuando sumas un múltiplo de 10 a un número o restas un múltiplo de 10 a un número?

Mira lo que estos estudiantes de tercer grado observaron en estos problemas.

$$\begin{array}{r} 46 \\ +\ 30 \\ \hline 76 \end{array}$$

Dwayne:
El número 46 tiene 4 decenas. Le sumé 30. La suma es 76, número que tiene 7 decenas porque le sumé 3 decenas más.

$$\begin{array}{r} 138 \\ -\ 30 \\ \hline 108 \end{array}$$

Pilar:
Comencé con 3 decenas en la parte 38 del número 138. Resté 3 decenas y lo que me queda es la centena y las 8 unidades. Por tanto, la respuesta es 108.

$$\begin{array}{r} 356 \\ +\ 200 \\ \hline 556 \end{array}$$

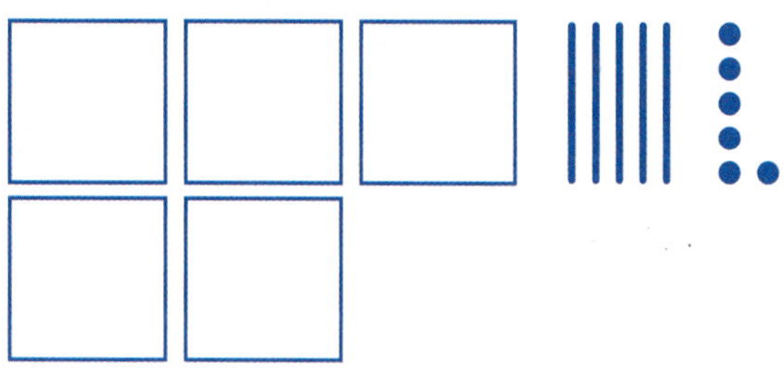

Beatriz:
El número 356 tiene 3 centenas. Le sumé 200. La suma es 556, número que tiene 5 centenas porque le sumé 2 centenas más.

Resuelve estos problemas. ¿Qué dígitos cambian en las sumas y restas?

$$\begin{array}{r} 565 \\ +\ 30 \\ \hline \end{array} \qquad \begin{array}{r} 565 \\ -\ 30 \\ \hline \end{array} \qquad \begin{array}{r} 565 \\ +\ 300 \\ \hline \end{array} \qquad \begin{array}{r} 565 \\ -\ 300 \\ \hline \end{array}$$

Valores de monedas y equivalencias (página 1 de 2)

Palabras de matemáticas
- moneda de 1¢
- moneda de 5¢
- moneda de 10¢

moneda de 1¢:
1¢ o $0.01

cara cruz

moneda de 5¢:
5¢ o $0.05

cara cruz

Una moneda de 5¢ vale lo mismo que:

moneda de 10¢:
10¢ o $0.10

cara cruz

Una moneda de 10¢ vale lo mismo que:

o

o

Valores de monedas y equivalencias (página 2 de 2)

Palabras de matemáticas
- **moneda de 25¢**
- **moneda de 50¢**

moneda de 25¢: 25¢ o $0.25

cara

cruz

Una moneda de 25¢ vale lo mismo que:

o

moneda de 50¢: 50¢ o $0.50

cara

cruz

Una moneda de 50¢ vale lo mismo que:

o

¿De qué otras maneras se puede formar 25¢?
¿De qué otras maneras se puede formar $0.50?

Multiplicación

Usa la multiplicación cuando quieras combinar grupos del mismo tamaño.

Palabras de matemáticas

- **multiplicación**
- **factor**
- **producto**

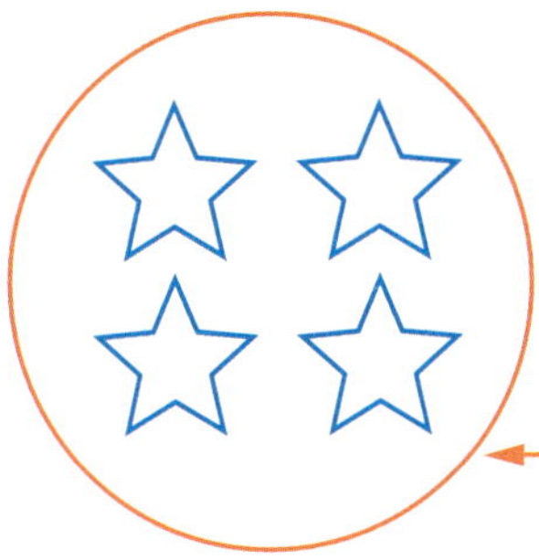

Aquí hay 4 estrellas.	**cantidad de grupos**
Cada estrella tiene 5 puntas.	**cantidad en cada grupo**
Hay 20 puntas en total.	**cantidad total (producto)**
$4 \times 5 = 20$ factores (4, 5) producto (20)	

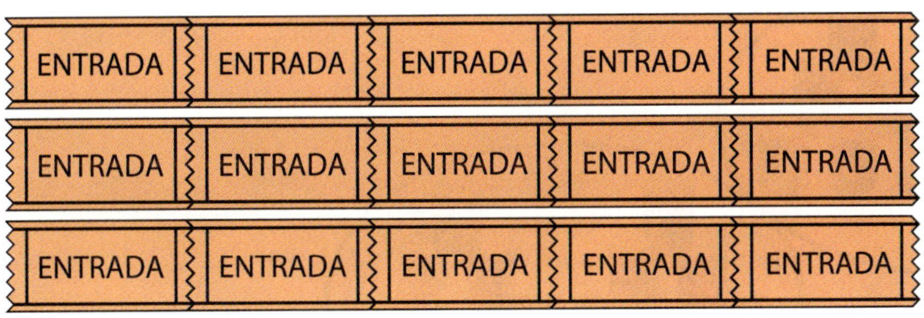

Arriba hay 3 filas de entradas.	**cantidad de grupos**
Cada fila tiene 5 entradas.	**cantidad en cada grupo**
Hay 15 entradas en total.	**cantidad total (producto)**
$\begin{array}{r} 3 \\ \times\ 5 \\ \hline 15 \end{array}$ factores (3, 5) producto (15)	

Resolver problemas de multiplicación (página 1 de 2)

¿Cuántas latas hay aquí?

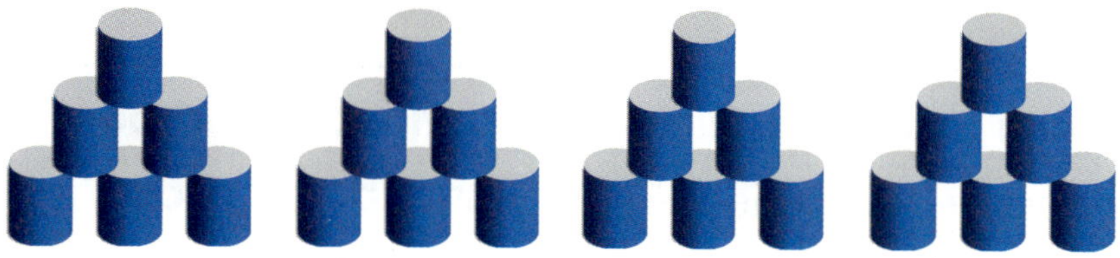

Arthur usó la suma para resolver este problema.

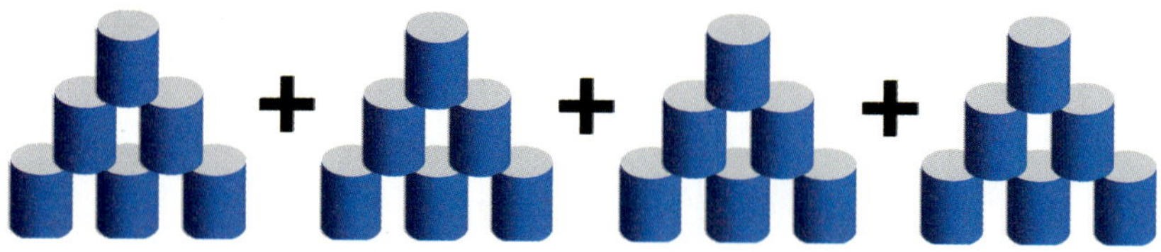

6 + 6 + 6 + 6 = **24** latas

Pilar usó una combinación de multiplicación que ya conocía.

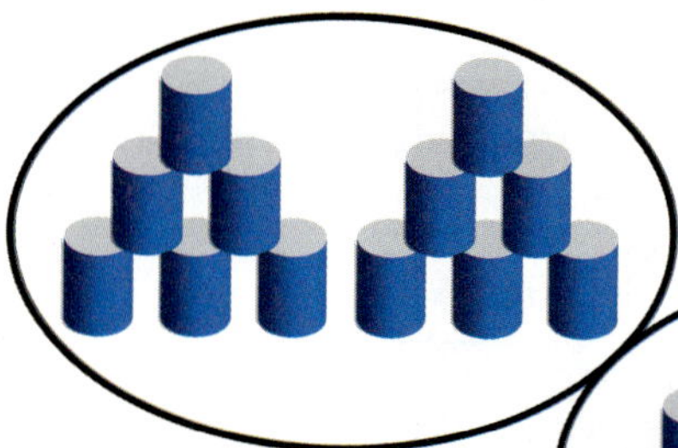

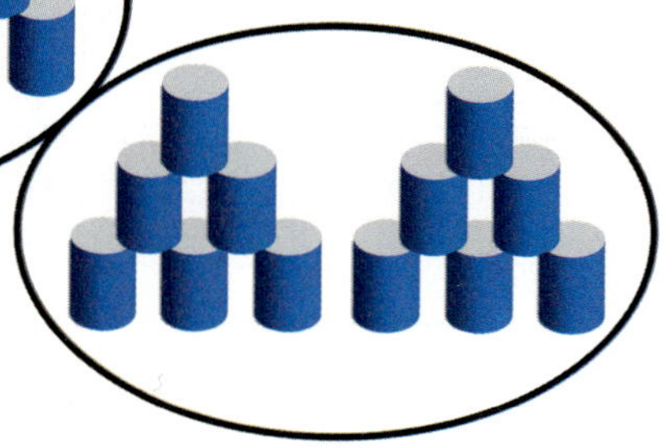

2 x 6 = 12 latas

12 latas + 12 latas = **24** latas

Kenji contó de 6 en 6.

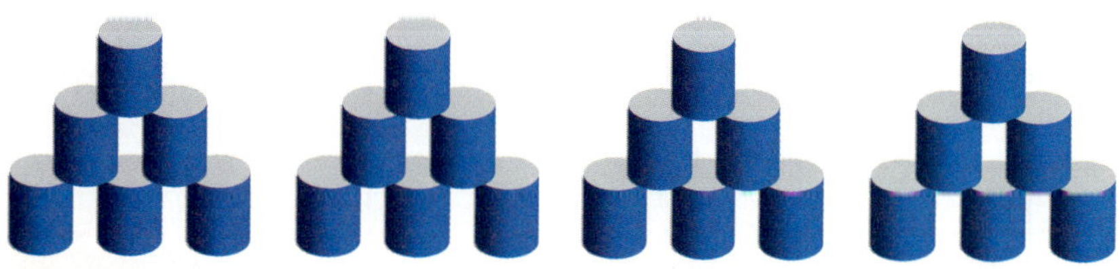

6, 12, 18, **24** latas

¿Cómo resolverías este problema?

Resolver problemas de multiplicación (página 2 de 2)

Hay 5 hexágonos.
Hay 6 lados en cada hexágono.
¿Cuántos lados hay en total?

$5 \times 6 =$ ____

Hay 4 flores.
Hay 5 pétalos en cada flor.
¿Cuántos pétalos hay en total?

$4 \times 5 =$ ____

Hay 4 cajas de crayones.
Hay 3 crayones en cada caja.
¿Cuántos crayones hay en total?

$4 \times 3 =$ ____

¿Cómo resolverías estos problemas?

Contar salteado

Palabras de matemáticas
- **contar salteado**
- **múltiplos**

Esta tabla de 100 muestra cómo contar de 3 en 3.

Los números coloreados son múltiplos de 3.

1	2	3	4	5	6	7	8	9	10
11	12	13	14	15	16	17	18	19	20
21	22	23	24	25	26	27	28	29	30
31	32	33	34	35	36	37	38	39	40
41	42	43	44	45	46	47	48	49	50
51	52	53	54	55	56	57	58	59	60
61	62	63	64	65	66	67	68	69	70
71	72	73	74	75	76	77	78	79	80
81	82	83	84	85	86	87	88	89	90
91	92	93	94	95	96	97	98	99	100

$10 \times 3 = 30$

En los cubos apilados en grupos de 3 también se muestra el conteo salteado de 3 en 3.

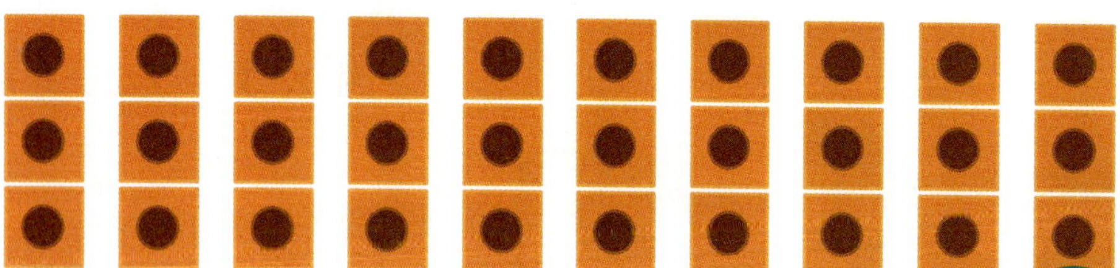

3 6 9 12 15 18 21 24 27 30

$10 \times 3 = 30$

En una recta numérica también se puede mostrar el conteo salteado.

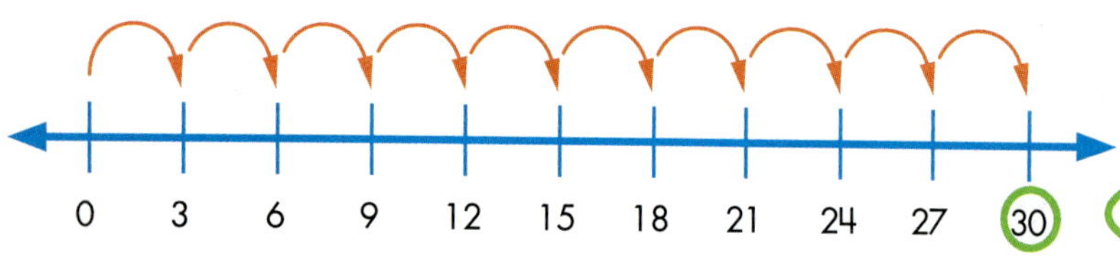

$10 \times 3 = 30$

Múltiplos de 5 y múltiplos de 10

Algunos estudiantes hallaron los múltiplos de 5 y los múltiplos de 10 en estas tablas de 100.

Múltiplos de 5									
1	2	3	4	5	6	7	8	9	10
11	12	13	14	15	16	17	18	19	20
21	22	23	24	25	26	27	28	29	30
31	32	33	34	35	36	37	38	39	40
41	42	43	44	45	46	47	48	49	50
51	52	53	54	55	56	57	58	59	60
61	62	63	64	65	66	67	68	69	70
71	72	73	74	75	76	77	78	79	80
81	82	83	84	85	86	87	88	89	90
91	92	93	94	95	96	97	98	99	100

Múltiplos de 10									
1	2	3	4	5	6	7	8	9	10
11	12	13	14	15	16	17	18	19	20
21	22	23	24	25	26	27	28	29	30
31	32	33	34	35	36	37	38	39	40
41	42	43	44	45	46	47	48	49	50
51	52	53	54	55	56	57	58	59	60
61	62	63	64	65	66	67	68	69	70
71	72	73	74	75	76	77	78	79	80
81	82	83	84	85	86	87	88	89	90
91	92	93	94	95	96	97	98	99	100

Éstas son algunas de las cosas que observaron.

- *Todos los múltiplos de 10 son números pares. El orden de los múltiplos de 5 es el siguiente: impar, par, impar, par.*
- *En la tabla de 100 hay el doble de múltiplos de 5 que de múltiplos de 10.*
- *Todos los múltiplos de 10 están en la última columna de la tabla de 100. Los múltiplos de 5 están en dos columnas.*

¿Qué otras cosas observas sobre los múltiplos de 5 y de 10?

Resolver problemas relacionados de multiplicación

Aquí hay dos problemas relacionados.

Un gato tiene 4 patas.
¿Cuántas patas hay en 5 gatos?
¿Cuántas patas hay en 8 gatos?

Inés resolvió ambos problemas. Usó la respuesta al primer problema para hallar la respuesta al segundo problema.

¿Cuántas patas hay en 5 gatos?

5 gatos
|||| |||| |||| |||| ||||
20 patas
$5 \times 4 = 20$

¿Cuántas patas hay en 8 gatos?

5 gatos
|||| |||| |||| |||| ||||
20 patas
$5 \times 4 = 20$

3 gatos
|||| |||| ||||
12 patas
$3 \times 4 = 12$

5 gatos + 3 gatos = 8 gatos
|||| |||| |||| |||| |||| + |||| |||| ||||
20 patas + 12 patas = 32 patas
$8 \times 4 = 32$

¿Cómo resolverías estos problemas relacionados?
Una araña tiene 8 patas.

- **¿Cuántas patas hay en 3 arañas?**
- **¿Cuántas patas hay en 6 arañas?**

Matrices

Ésta es una matriz de sillas.

Palabras de matemáticas

- **matriz**
- **dimensión**
- **factor**

Hay 2 filas de sillas.
Hay 7 sillas en cada fila.
Hay 14 sillas en total.

$2 \times 7 = 14$

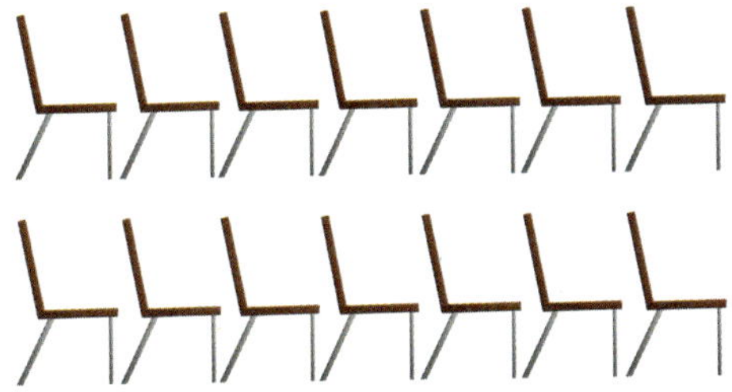

La ordenación de sillas puede representarse como una matriz rectangular.

Las dimensiones de esta matriz son 2×7. Se dice "2 por 7".

7

2 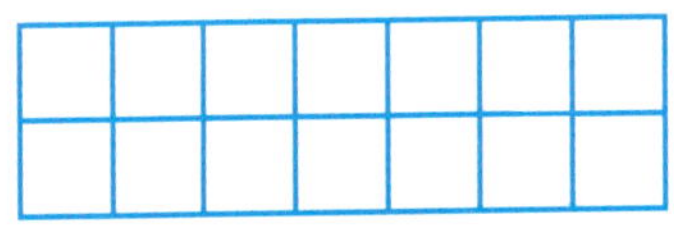

2×7

Éstas son todas las matrices que representan las maneras de ordenar 14 sillas.

14

1 

7

2 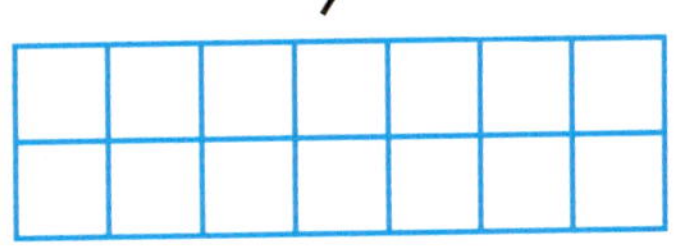

2

7 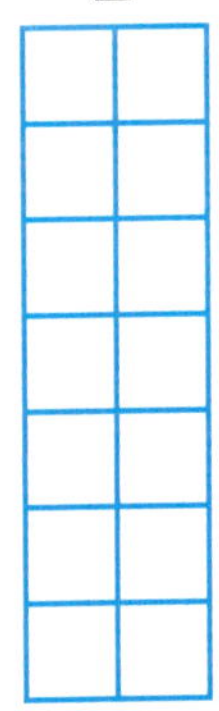

1

14 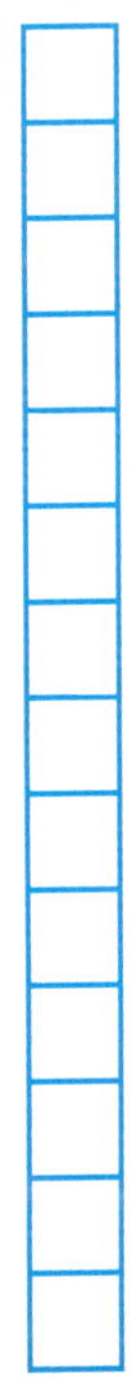

Dimensiones: 1 por 14
2 por 7
7 por 2
14 por 1

Los números 1, 2, 7 y 14 son factores de 14.

Halla todas las matrices de 16.

Usar matrices para resolver problemas de multiplicación

A continuación se muestran algunas de las maneras cómo los estudiantes usaron una tarjeta de matrices para resolver 4×6.

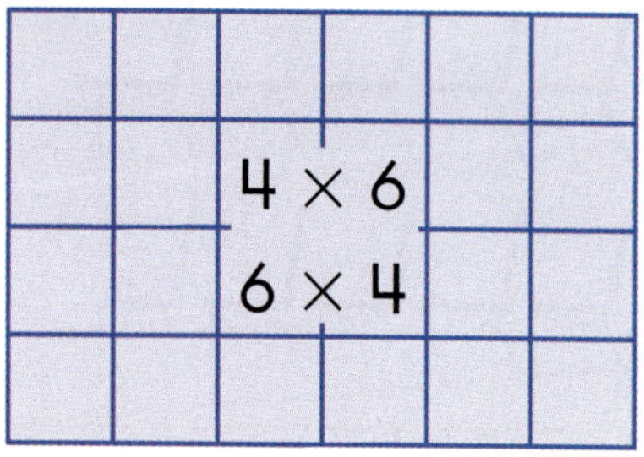

Benjamin contó de 4 en 4.

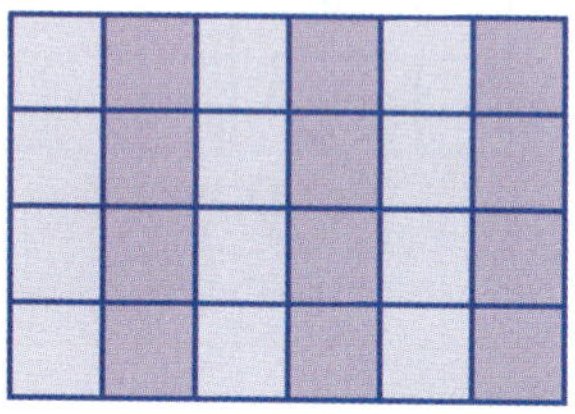

4, 8, 12, 16, 20, 24

Kelly usó una combinación relacionada de multiplicación (2×6).

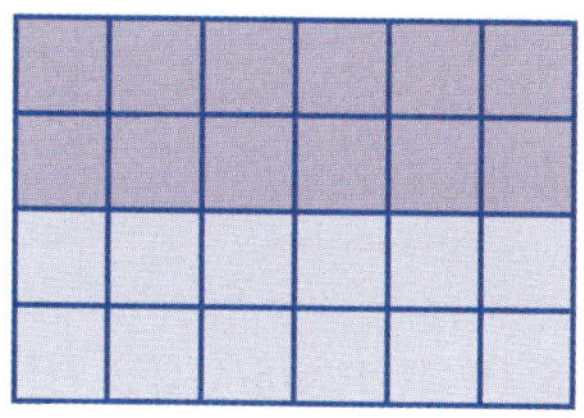

$2 \times 6 = 12$

$2 \times 6 = 12$

$12 + 12 = 24$

Deondra usó una combinación relacionada de multiplicación (4×3).

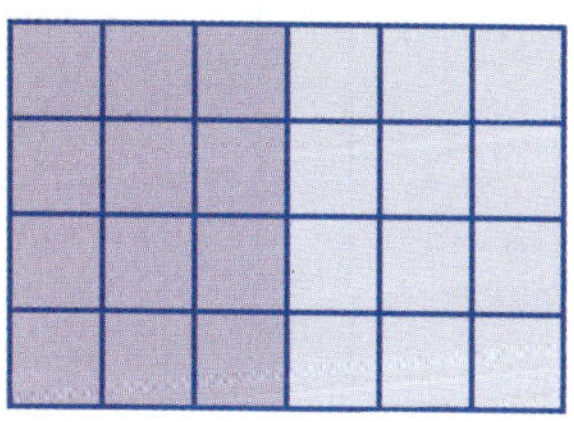

$4 \times 3 = 12$ $4 \times 3 = 12$

$12 + 12 = 24$

Zhang cubrió la matriz con una matriz más pequeña. Sabía que $4 \times 5 = 20$.

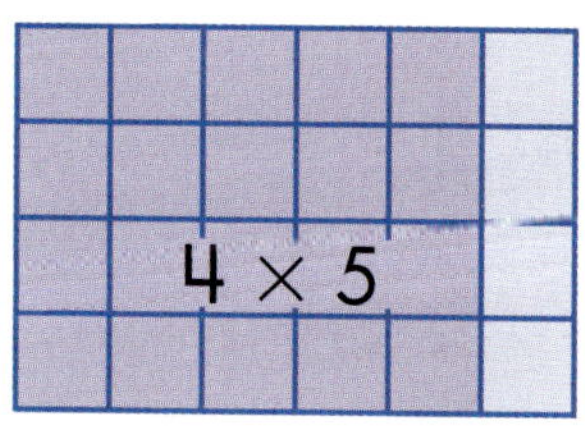

$4 \times 5 = 20$

$20 + 4 = 24$

¿Cómo resolverías este problema?

División

Palabras de matemáticas
- **división**

Usa la división cuando quieras separar una cantidad en grupos del mismo tamaño.

cantidad total → Aquí hay 20 globos.
cantidad de grupos → Hay 5 amigos.
cantidad en cada grupo → Cada amigo tiene 4 globos.

$$20 \div 5 = 4$$

cantidad total → Aquí hay 24 pelotas de tenis.
cantidad de grupos → Hay 8 botes de pelotas de tenis.
cantidad en cada grupo → En cada bote caben 3 pelotas.

$$3\overline{)24}^{\,8}$$

Resolver problemas de división

Hay 24 canicas. Oscar quiere poner 4 canicas en cada bolsa.
¿Cuántas bolsas puede llenar Oscar?

$24 \div 4 = \underline{\qquad}$ $\qquad 4\overline{)24}$ $\qquad \underline{\qquad} \times 4 = 24$

Éstas son las maneras como algunos estudiantes resolvieron este problema.

Bridget contó de 4 en 4.

4, 8, 12, 16, 20, 24
(1), (2), (3), (4), (5), (6)

6 grupos

Adam usó 24 cubos y formó grupos de 4.

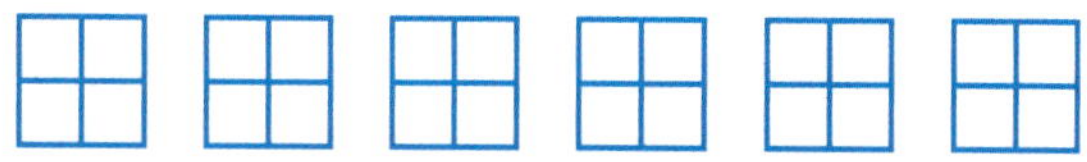

6 grupos de 4

Cristobal usó una combinación de multiplicación que ya conocía.

$5 \times 4 = 20$
(5 grupos)

6 grupos

$1 \times 4 = 4$
(1 grupo más)

Gina usó una combinación de multiplicación que ya conocía.

$3 \times 4 = 12$
$\underline{3} \times 4 = \underline{12}$
$6 \times 4 = 24$

6 grupos

Oscar puede llenar **6** bolsas.

¿Cómo resolverías este problema?

Combinaciones de multiplicación (página 1 de 3)

Éstas son algunas maneras que te ayudarán a aprender las combinaciones de multiplicación con productos de hasta 50.

Aprender dos combinaciones a la vez

5×3 y 3×5

Estos dos problemas parecen diferentes, pero tienen la misma respuesta.

Si sabes que $5 \times 3 = 15$, también sabes que $3 \times 5 = 15$.

3

5

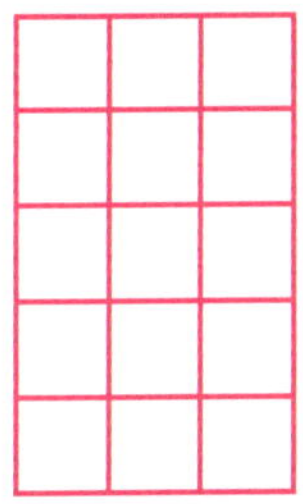

5×3

5

3

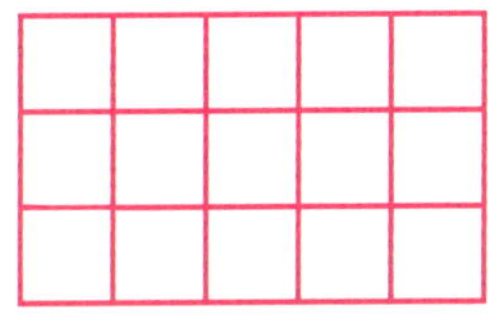

3×5

Aprender las combinaciones ×1

O estás pensando en un grupo…

1 grupo de 9 es igual a 9. 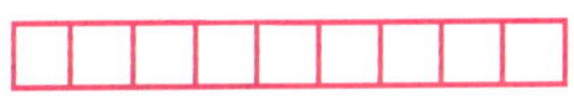 $1 \times 9 = 9$

…o estás pensando en varios grupos de 1.

6 grupos de 1 son igual a 6.  $6 \times 1 = 6$

Aprender las combinaciones ×2

Multiplicar por 2 es lo mismo que duplicar un número.

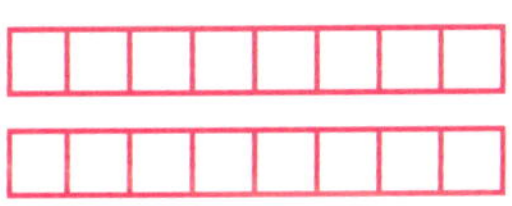

$8 + 8 = 16$

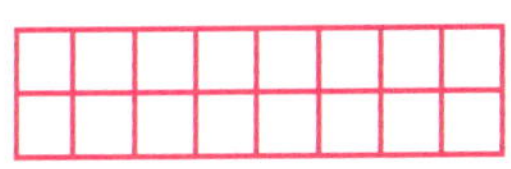

$8 \times 2 = 16$

Aprender las combinaciones ×0

Muchos grupos de 0 suman 0.

$8 \times 0 = 0$

Un grupo de 0 multiplicado por cualquier cantidad suma 0.

$0 \times 7 = 0$

Combinaciones de multiplicación (página 2 de 3)

A continuación se muestran otras maneras de ayudarte a aprender combinaciones de multiplicación.

Duplica una combinación que conozcas.

Para aprender las combinaciones $\times 4$, puedes duplicar las combinaciones $\times 2$.

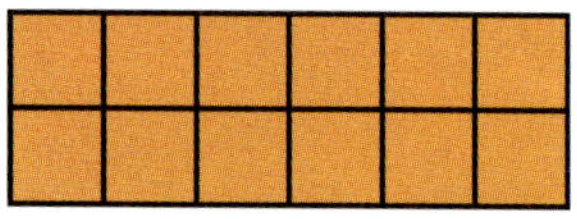

$2 \times 6 = 12$

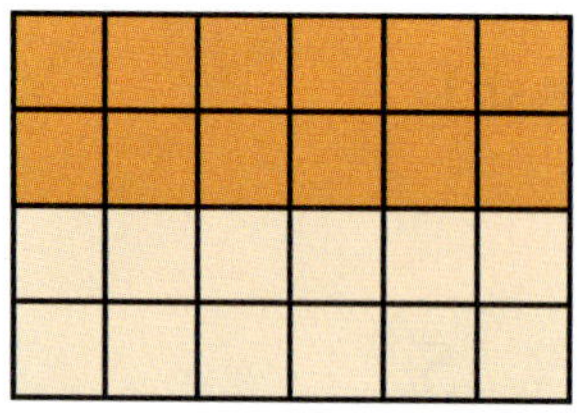

$4 \times 6 = (2 \times 6) + (2 \times 6) = 24$

Para aprender las combinaciones $\times 6$, puedes duplicar las combinaciones $\times 3$.

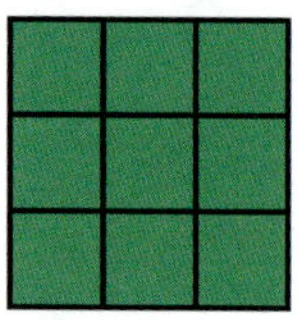

$3 \times 3 = 9$

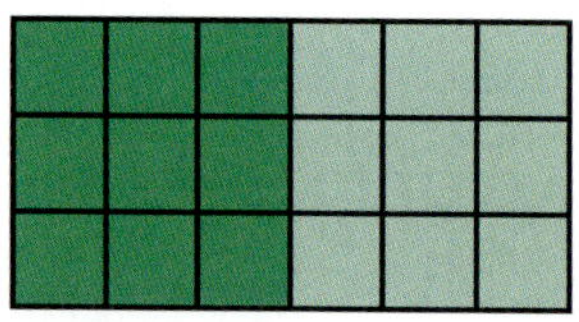

$6 \times 3 = (3 \times 3) + (3 \times 3) = 18$

Divide por la mitad una combinación que conozcas.

Para aprender las combinaciones $\times 5$, puedes dividir por la mitad las combinaciones $\times 10$.

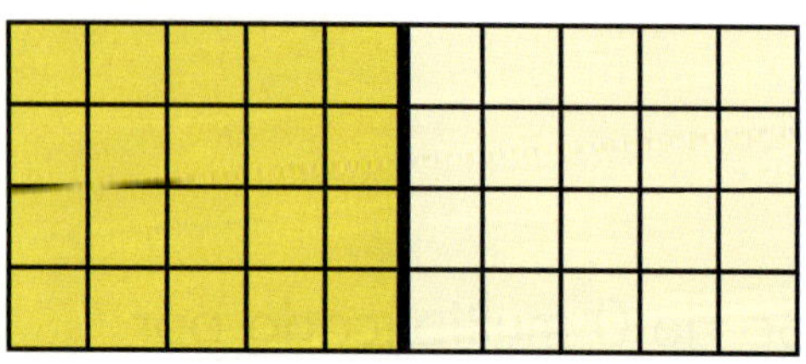

$4 \times 10 = 40$

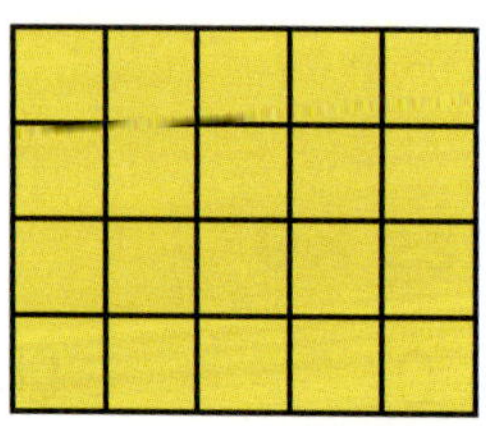

$4 \times 5 = 20$

Combinaciones de multiplicación (página 3 de 3)

Mientras practicas todas las combinaciones de multiplicación, anota en una lista las que "conoces" y las que "estás aprendiendo".

	"Combinaciones que conozco"	"Combinaciones que estoy aprendiendo"

Una manera de aprender una combinación es hacer una tarjeta de pistas de multiplicación. Piensa en una combinación que ya conozcas como ayuda para aprender las más difíciles.

Éstas son las maneras como dos estudiantes resolvieron 4 × 8. Cada estudiante usó una estrategia diferente.

Noemí comenzó con 4 × 4. Luego, duplicó el número.

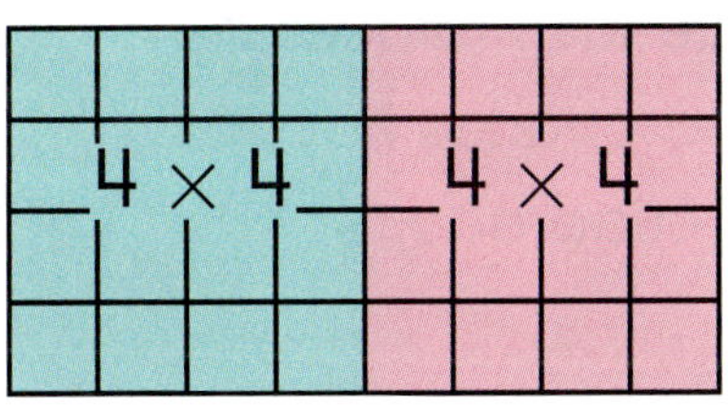

$$\begin{array}{r} 4 \\ \times\ 4 \\ \hline 16 \end{array} \qquad \begin{array}{r} 16 \\ +\ 16 \\ \hline \mathbf{32} \end{array}$$

4 × 8
8 × 4

Comienza con: 4 x 4

Noemí

Gil comenzó con 4 × 5. Luego, le sumó 4 × 3.

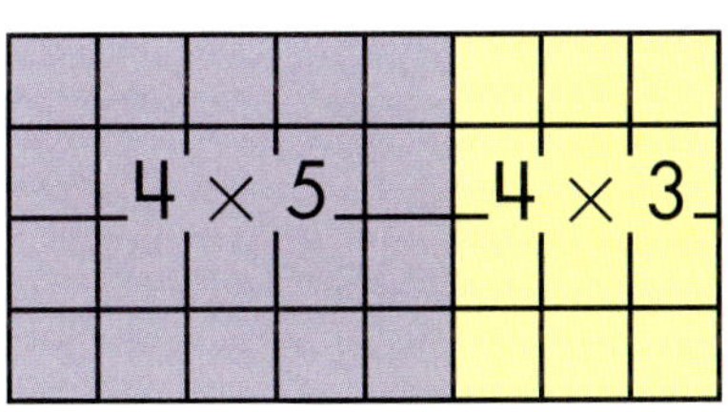

$$\begin{array}{r} 4 \times 5 = 20 \\ 4 \times 3 = \underline{12} \\ \mathbf{32} \end{array}$$

4 × 8
8 × 4

Comienza con: 4 x 5

Gil

Cuadrados de números

Palabras de matemáticas
- **cuadrado de un número**

Matrices de 16

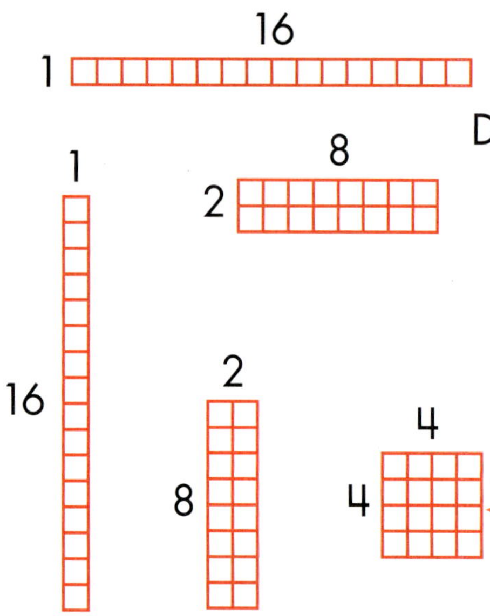

Dimensiones:
1 por 16
2 por 8
4 por 4
8 por 2
16 por 1

Una de las matrices de 16 que puedes hacer es un cuadrado.

$4 \times 4 = 16$

16 es el cuadrado de un número.

Matrices de 25

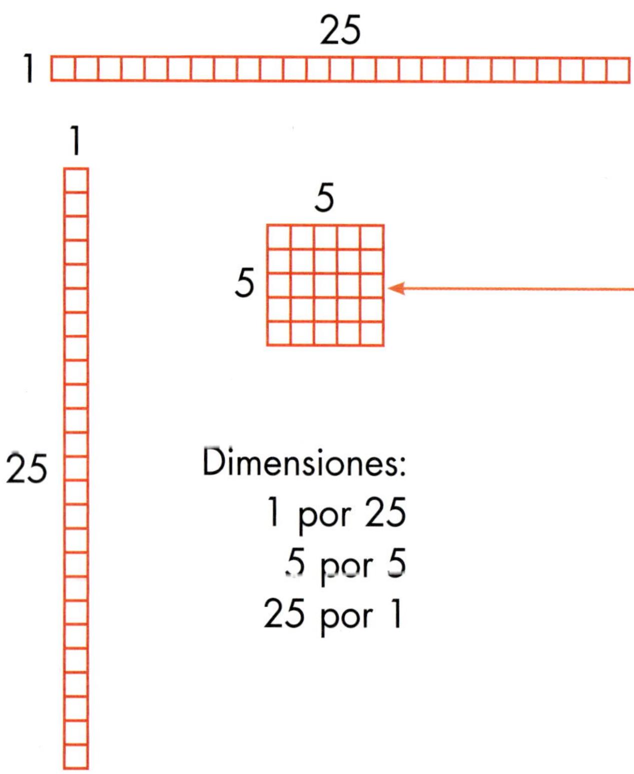

Dimensiones:
1 por 25
5 por 5
25 por 1

Una de las matrices de 25 que puedes hacer es un cuadrado.

$5 \times 5 = 25$

25 es el cuadrado de un número.

Números primos

Palabras de matemáticas
- **factor**
- **número primo**

Matrices de 17

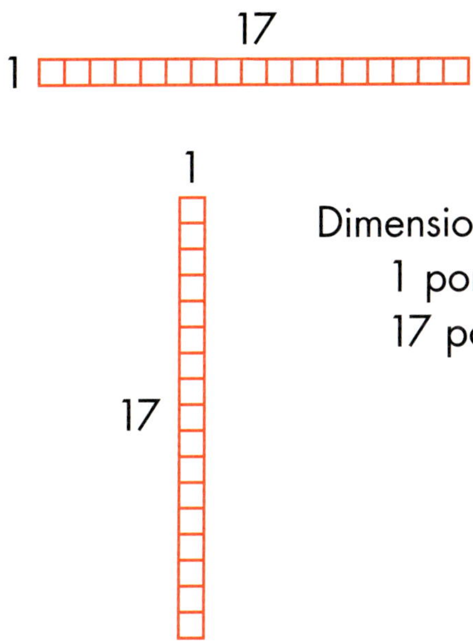

Dimensiones:
1 por 17
17 por 1

Sólo puedes hacer dos matrices largas y delgadas de 17.

$17 \times 1 = 17$
$1 \times 17 = 17$

Los únicos factores de 17 son 17 y 1.

17 es un número primo.

Matrices de 23

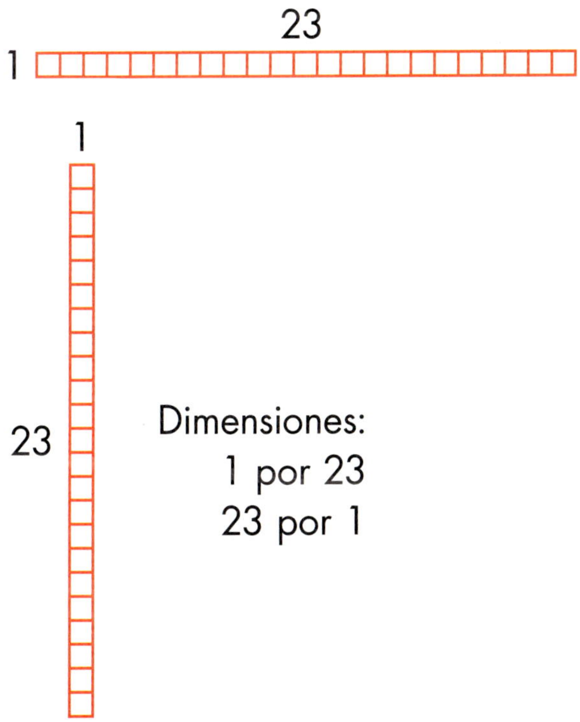

Dimensiones:
1 por 23
23 por 1

Sólo puedes hacer dos matrices largas y delgadas de 23.

$23 \times 1 = 23$
$1 \times 23 = 23$

Los únicos factores de 23 son 23 y 1.

23 es un número primo.

Números pares y números impares (página 1 de 2)

Palabras de matemáticas
- **par**
- **impar**

Un número par de cosas puede dividirse en grupos de 2 sin sobrantes. Un número par de cosas puede dividirse en dos grupos iguales de cosas enteras.

10 es un número par.

10 cuadrados pueden dividirse en cinco grupos de 2.

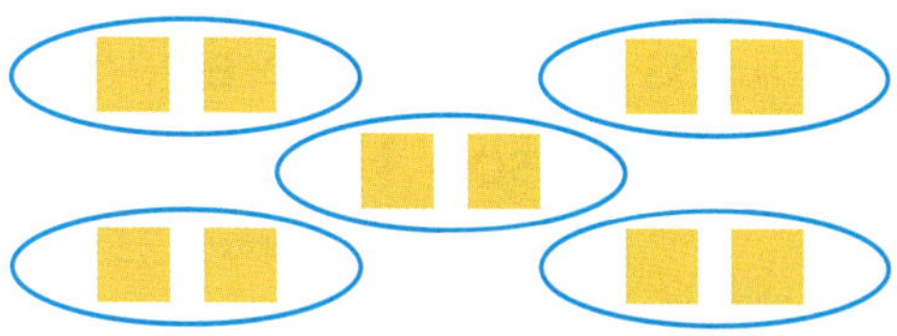

10 cuadrados pueden dividirse en dos grupos iguales de 5 cuadrados.

Un número impar de cosas siempre tiene un sobrante cuando se divide en grupos de 2. Un número impar de cosas no puede dividirse en dos grupos iguales de cosas enteras.

13 es un número impar.

13 cuadrados no pueden dividirse en grupos de 2 sin sobrantes.

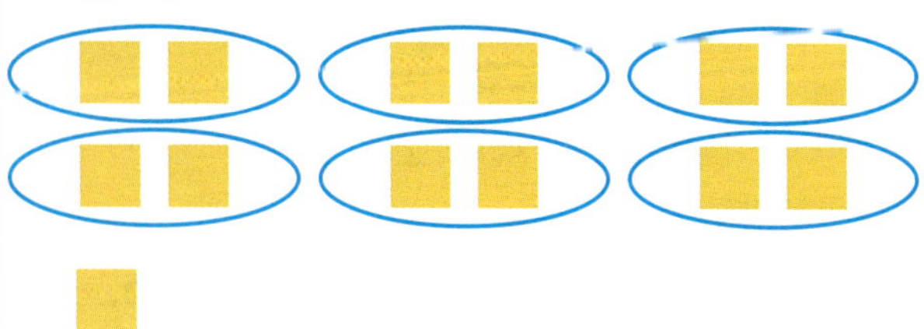

13 cuadrados no pueden dividirse en dos grupos iguales de cuadrados enteros.

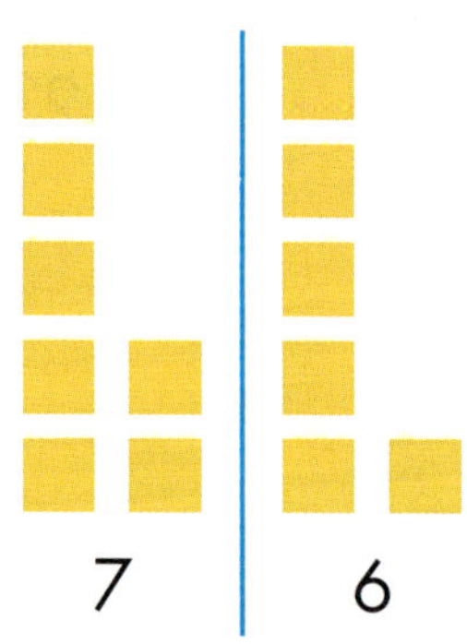

Números pares y números impares (página 2 de 2)

Esta tabla de 100 muestra cómo contar de 2 en 2.

1	2	3	4	5	6	7	8	9	10
11	12	13	14	15	16	17	18	19	20
21	22	23	24	25	26	27	28	29	30
31	32	33	34	35	36	37	38	39	40
41	42	43	44	45	46	47	48	49	50
51	52	53	54	55	56	57	58	59	60
61	62	63	64	65	66	67	68	69	70
71	72	73	74	75	76	77	78	79	80
81	82	83	84	85	86	87	88	89	90
91	92	93	94	95	96	97	98	99	100

Si comienzas en el número 0 y cuentas de 2 en 2, dirás números pares. Los números pares de esta tabla están en amarillo.

Si comienzas en el número 1 y cuentas de 2 en 2, dirás números impares. Los números impares de esta tabla están en blanco.

¿Es 43 un número par o impar?
¿Es 70 un número par o impar?
¿Es 101 un número par o impar?

Fracciones

Palabras de matemáticas
- **fracción**

Las fracciones son números.

Algunas fracciones, como $\frac{1}{4}$ y $\frac{1}{2}$, son menores que 1.
Algunas fracciones, como $\frac{2}{2}$ y $\frac{4}{4}$, son iguales a 1.
Algunas fracciones, como $\frac{6}{4}$ y $\frac{3}{2}$, son mayores que 1.

Las fracciones se pueden usar para mostrar partes de un todo.

Un tercio de esta bandera es blanco.

La bandera entera tiene 3 partes iguales, o rayas. → $\frac{1}{3}$ ← Una raya es blanca.

1 de las 3 partes iguales es blanca.

Tres cuartos de estos globos son rojos.

Hay 4 globos en total. → $\frac{3}{4}$ ← Tres de los globos son rojos.

3 de las 4 partes iguales son rojas.

¿Qué fracción de la bandera es azul?
¿Qué fracción de los globos es amarilla?

Fracciones de un área

Palabras de matemáticas
- **numerador**
- **denominador**

Nancy, Murphy, Kelley y Adam tienen un brownie que quieren compartir en partes iguales.

Nancy cortó el brownie en cuatro pedazos del mismo tamaño.

Cada amigo recibirá $\frac{1}{4}$ del brownie.

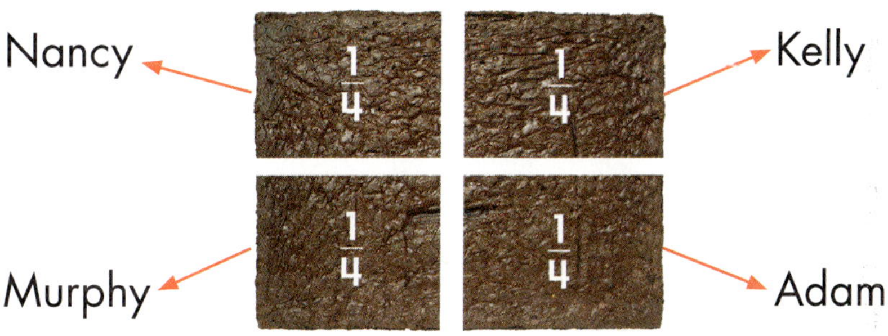

Notación fraccionaria:

denominador (número total de partes iguales) → $\frac{1}{4}$ ← numerador (número de partes iguales del total)

A continuación se muestran otras dos formas de cortar un brownie en cuartos.

Representar fracciones

(página 1 de 2)

En cada uno de los siguientes ejemplos, un rectángulo entero ha sido dividido en partes iguales. Están representadas la sección del rectángulo coloreada de azul y la sección del rectángulo coloreada de amarillo.

¿Qué sección es azul?
1 de 2 partes iguales

¿Qué sección es amarilla?
1 de 2 partes iguales

$\frac{1}{2}$ una mitad

$\frac{1}{2}$ una mitad

¿Qué sección es azul?
1 de 4 partes iguales

¿Qué sección es amarilla?
3 de 4 partes iguales

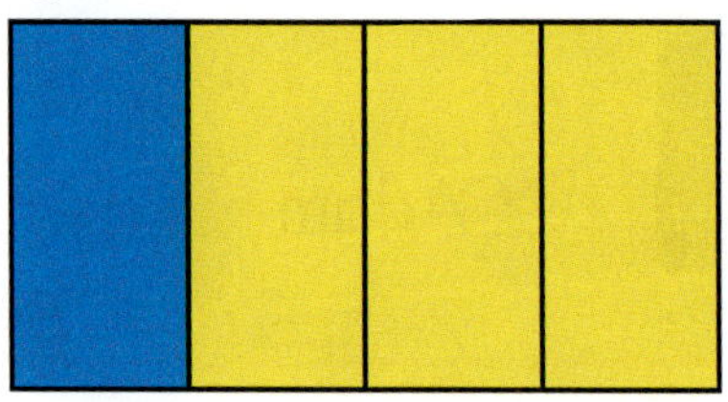

$\frac{1}{4}$ un cuarto
una cuarta parte

$\frac{3}{4}$ tres cuartos
tres cuartas partes

¿Qué sección es azul?
1 de 8 partes iguales

¿Qué sección es amarilla?
7 de 8 partes iguales

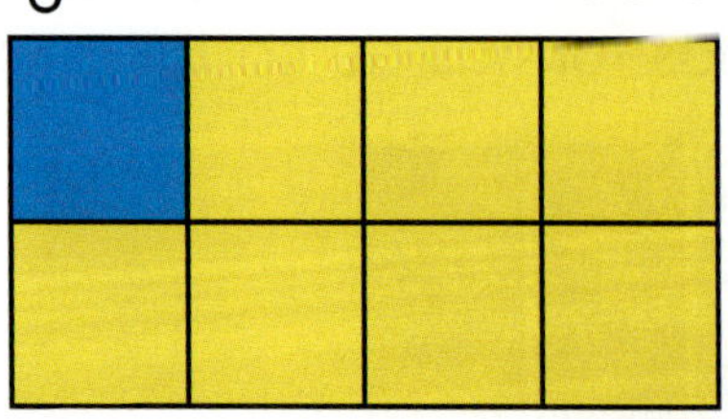

$\frac{1}{8}$ un octavo

$\frac{7}{8}$ siete octavos

Representar fracciones

(página 2 de 2)

¿Qué sección es azul?
1 de 3 partes iguales

¿Qué sección es amarilla?
2 de 3 partes iguales

$\frac{1}{3}$ un tercio

$\frac{2}{3}$ dos tercios

¿Qué sección es azul?
1 de 6 partes iguales

¿Qué sección es amarilla?
5 de 6 partes iguales

$\frac{1}{6}$ un sexto

$\frac{5}{6}$ cinco sextos

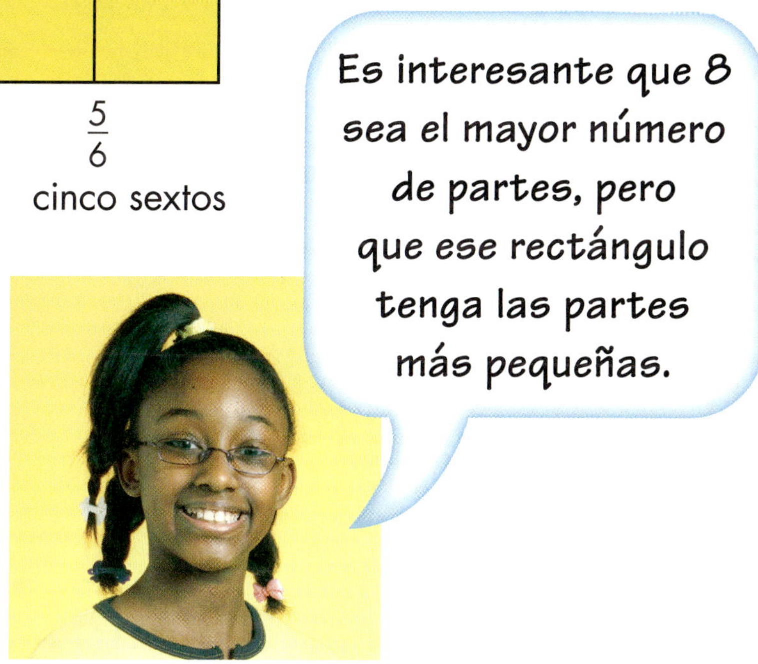

¿Qué sección está coloreada de azul? ¿Qué sección está coloreada de amarillo?

Fracciones de un grupo de cosas

Tres amigos se repartieron 15 manzanas equitativamente. Cada amigo recibió $\frac{1}{3}$ de las manzanas.

1 → 1 grupo para cada persona

3 grupos iguales → 3

$\frac{1}{3}$ de 15 es **5.**

Hay 64 cuadrados en un tablero de damas. La mitad de los cuadrados son rojos.

1 → 1 grupo es rojo

2 → 2 grupos iguales

$\frac{1}{2}$ de 64 es **32.**

Becky tenía 12 canicas en su colección. Luego, regaló $\frac{3}{4}$ de sus canicas.

3 → Becky regaló 3 grupos.

4 → 4 grupos iguales

$\frac{3}{4}$ de 12 es **9.**

Usar fracciones para cantidades mayores que uno (página 1 de 2)

Palabras de matemáticas
- **número mixto**

Edwin y Pilar resolvieron un problema sobre personas y brownies. La parte que le corresponde a cada persona es mayor que uno.

3 brownies fueron repartidos en partes iguales entre dos personas.
¿Cuánto recibió cada persona?

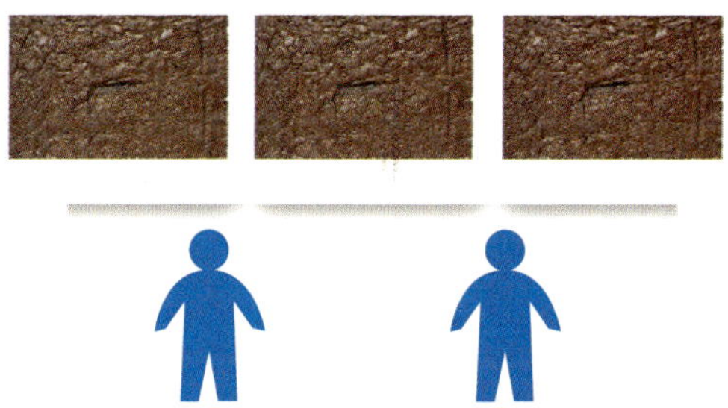

La solución de Edwin:

Primero, le di un brownie entero a cada persona.

Sobró un brownie. Lo dividí en 2 partes iguales y le di a cada persona una mitad.

Cada persona recibió $1\frac{1}{2}$.

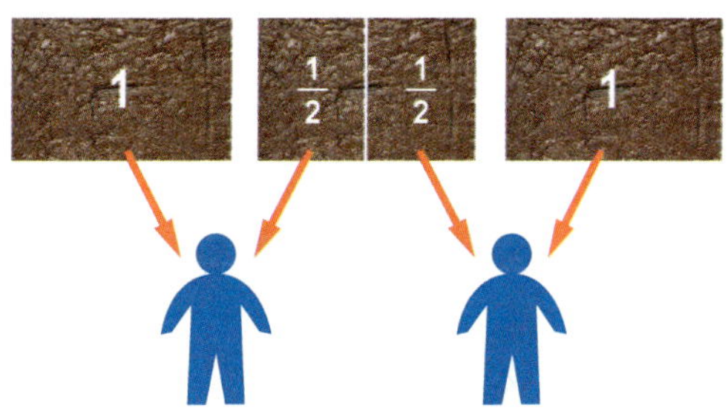

Un número mixto tiene una parte entera y una parte fraccionaria.

número entero → $1\frac{1}{2}$ ← fracción

uno y un medio

Usar fracciones para cantidades mayores que uno (página 2 de 2)

La solución de Pilar:

Corté todos los brownies en 2 partes iguales. Le di a cada persona 1 parte, o sea, una mitad de cada brownie.

Cada persona recibió $\frac{3}{2}$.

$\frac{1}{2} + \frac{1}{2} + \frac{1}{2} = \frac{3}{2}$

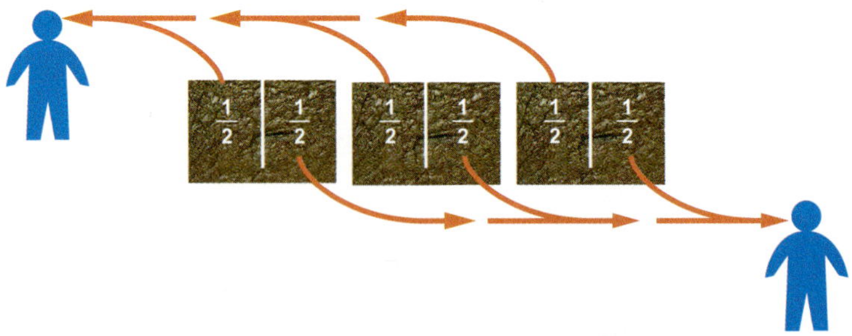

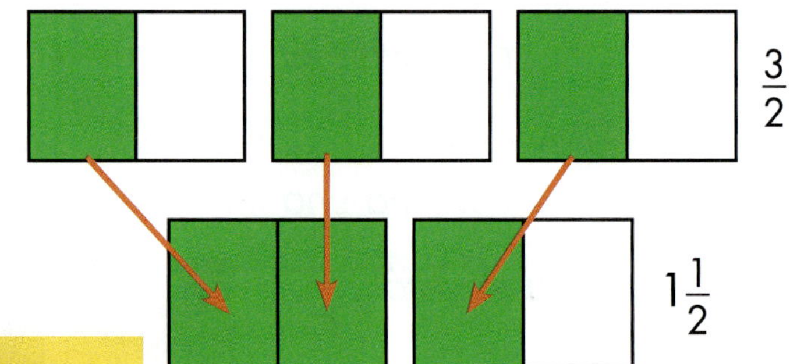

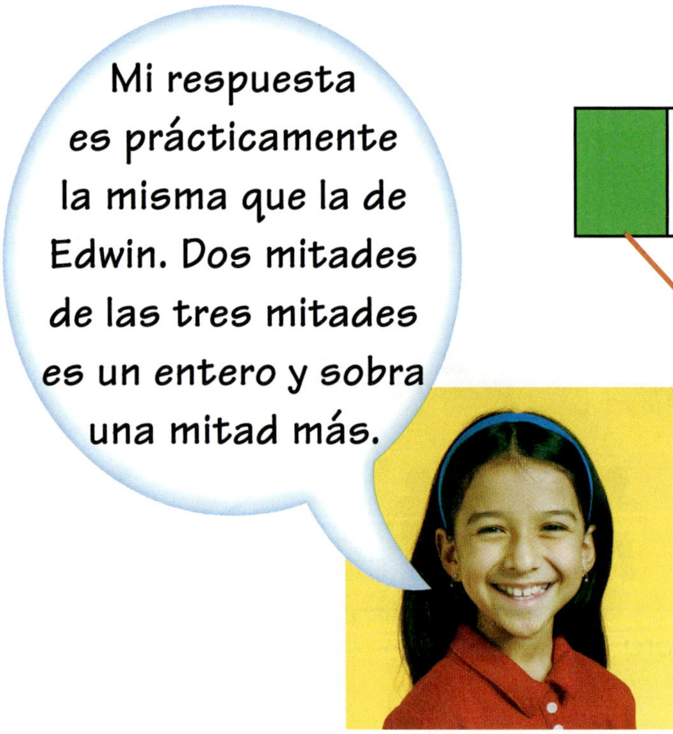

$$\frac{3}{2} = 1\frac{1}{2}$$

Si 3 personas se repartieron 4 brownies en partes iguales, ¿cuánto recibió cada persona?
Si 3 personas se repartieron 5 brownies en partes iguales, ¿cuánto recibió cada persona?

Fracciones equivalentes

Palabras de matemáticas

- **fracciones equivalentes**

Las fracciones diferentes que representan una misma cantidad se llaman fracciones equivalentes.

Keith usó bloques de patrones para mostrar algunas fracciones equivalentes.

$\frac{3}{6} = \frac{1}{2}$

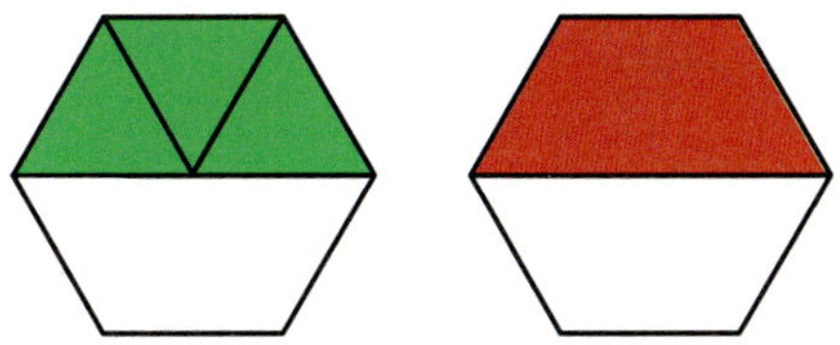

$\frac{1}{3} = \frac{2}{6}$

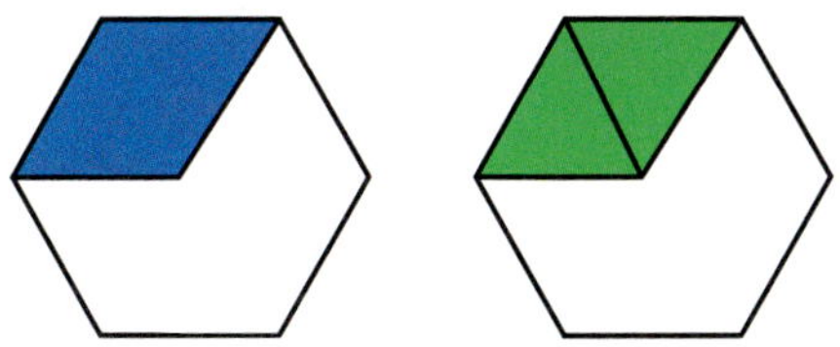

Jane mostró otras cuantas fracciones equivalentes usando rectángulos.

$\frac{1}{2} = \frac{2}{4}$

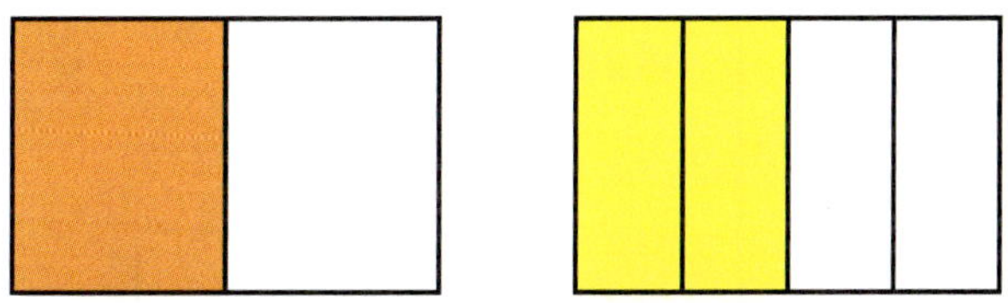

$\frac{3}{4} = \frac{6}{8}$

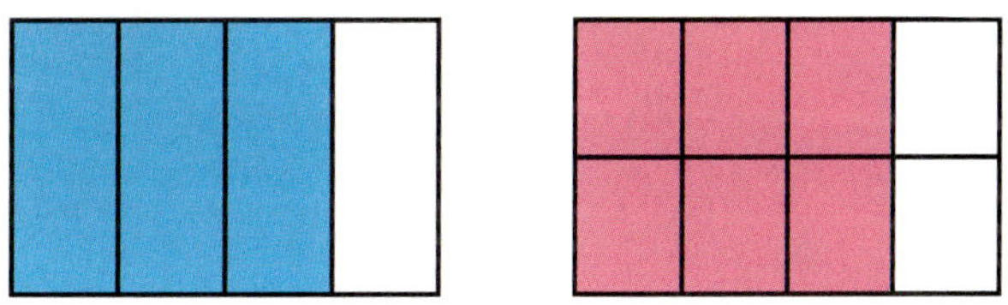

Chris usó un grupo de 8 cubos para mostrar que $\frac{1}{2}$ y $\frac{4}{8}$ son fracciones equivalentes.

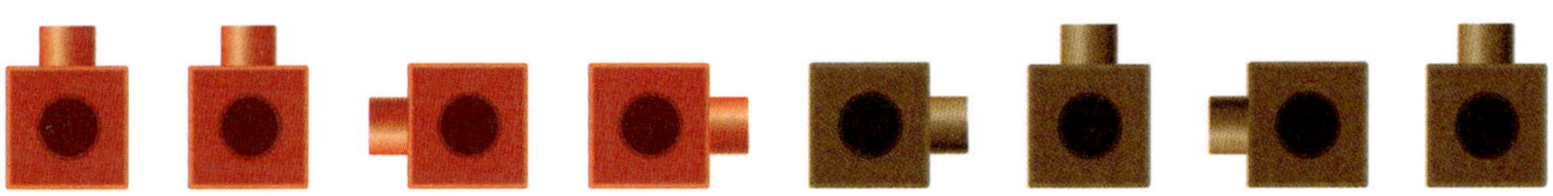

Cuatro de estos ocho cubos son rojos.
La mitad de estos cubos son rojos.

$\frac{4}{8} = \frac{1}{2}$

¿Qué dos fracciones equivalentes representan la porción de cubos rojos?

Combinaciones de fracciones

Estos estudiantes escribieron ecuaciones para mostrar las partes fraccionarias y los totales correspondientes a cada una de las siguientes ilustraciones.

Chiang

$$\frac{3}{6} + \frac{1}{2} = 1$$

Keisha

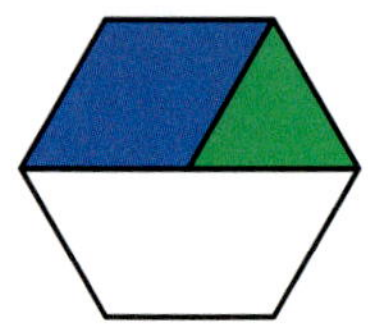

$$\frac{1}{3} + \frac{1}{6} = \frac{1}{2}$$

Denzel

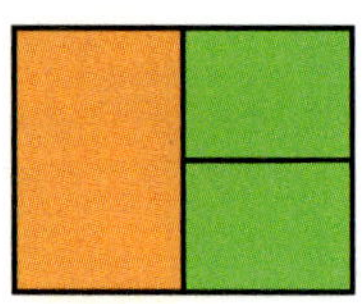

$$\frac{1}{2} + \frac{2}{4} = 1$$

Murphy

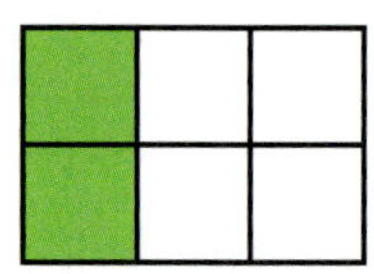

$$\frac{1}{6} + \frac{1}{6} = \frac{1}{3}$$

Usa bloques de patrones para hallar más combinaciones de fracciones que sean igual a 1.

Fracciones y decimales que son iguales

Palabras de matemáticas
- **decimal**
- **punto decimal**

Los números que tienen puntos decimales se llaman decimales. Algunos números pueden escribirse como fracciones o como decimales.

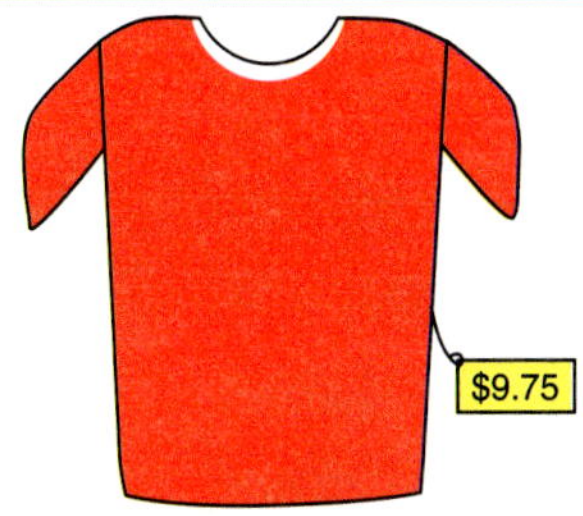

Estos problemas pueden responderse usando fracciones o decimales.

Cuatro personas se quieren repartir un dólar equitativamente. ¿Cuánto dinero recibirá cada persona?

Respuesta en número fraccionario: Cada persona recibirá $\frac{1}{4}$ de dólar.

Respuesta en número decimal: Cada persona recibirá $0.25.

$$\frac{1}{4} = 0.25$$

Dos personas se quieren repartir tres dólares equitativamente. ¿Cuánto dinero recibirá cada persona?

Respuesta en número fraccionario: Cada persona recibirá $1\frac{1}{2}$ dólares.

Respuesta en número decimal: Cada persona recibirá $1.50.

$$\frac{1}{2} = 0.50$$

¿Qué temperatura hace?

(página 1 de 4)

Palabras de matemáticas
• **Celsius**
• **grado**
• **Fahrenheit**

¿Qué tanto frío o calor hace fuera de la casa? Lo puedes averiguar usando un termómetro.

La temperatura se mide en dos escalas diferentes: en grados Fahrenheit y en grados Celsius.

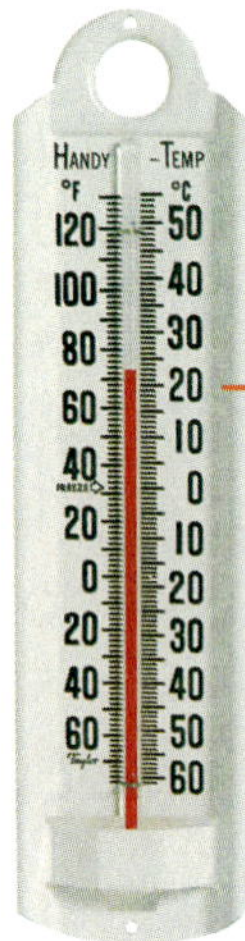

Este termómetro muestra una temperatura de 76°F o 24°C.

76°F significa "76 grados Fahrenheit".

Se usan termómetros de varios estilos para medir la temperatura exterior.

termómetro digital

termómetro de bulbo (interior o exterior)

termómetro de cuadrante

Este año, tu clase anotará y hará gráficas de la temperatura exterior que hace cada miércoles. A medida que pase el año, comenta con tus compañeros de clase cómo cambia la temperatura en la zona donde vives.

¿Qué temperatura hace?

(página 2 de 4)

Este mapa muestra la temperatura en grados Fahrenheit que hizo en todo el país un día de septiembre.

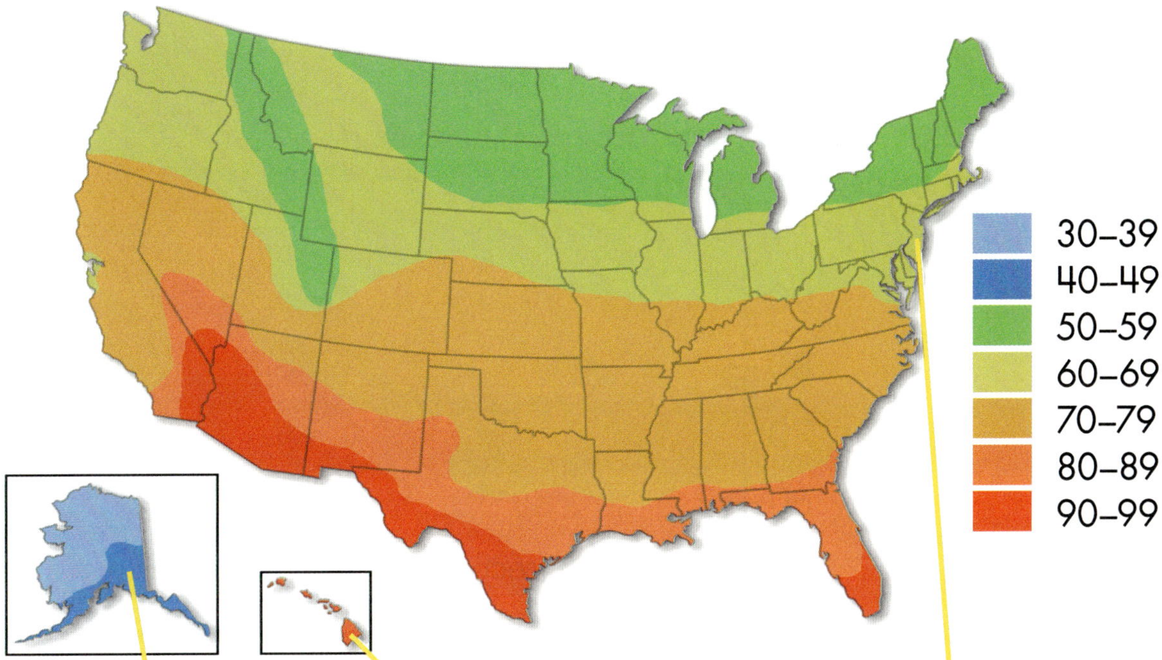

Edwin vive en Alaska, donde hizo 47°F. Ese día salió de la casa con pantalones largos y un suéter.

Kasha vive en Hawai, donde hizo 90°F. Ese día se fue a la playa.

Pilar vive en Nueva Jersey, donde hizo 63°F. Ese día salió a jugar sin usar chaqueta.

¿Qué temperatura hace?

(página 3 de 4)

La temperatura media del mes de marzo en Anchorage, Alaska, es de 26°F.

La temperatura máxima registrada en marzo es de 51°F (récord establecido en 1984).

La temperatura mínima registrada en marzo es de –24°F (récord establecido en 1971).

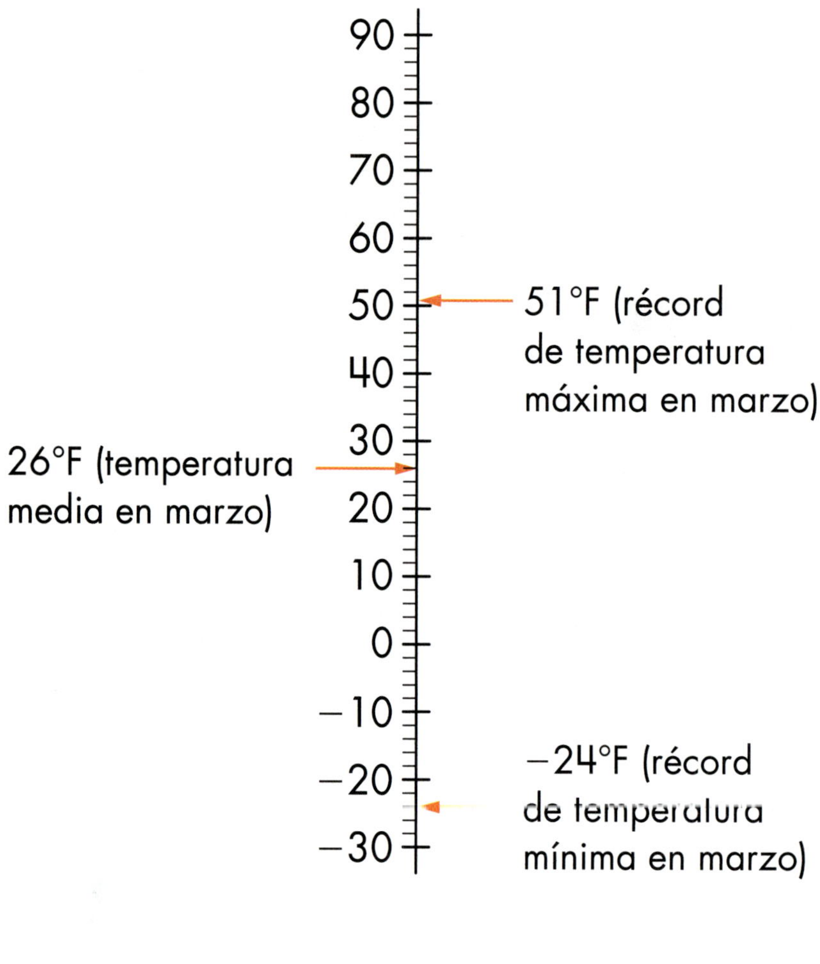

–24°F significa 24 grados Fahrenheit bajo cero.

¿Cuál es la diferencia en grados entre el récord de temperatura máxima (51°F) y el récord de temperatura mínima (–24°F)?

¿Qué temperatura hace?

(página 4 de 4)

Ésta es la gráfica de temperatura que hizo la clase de Keith a finales de septiembre.

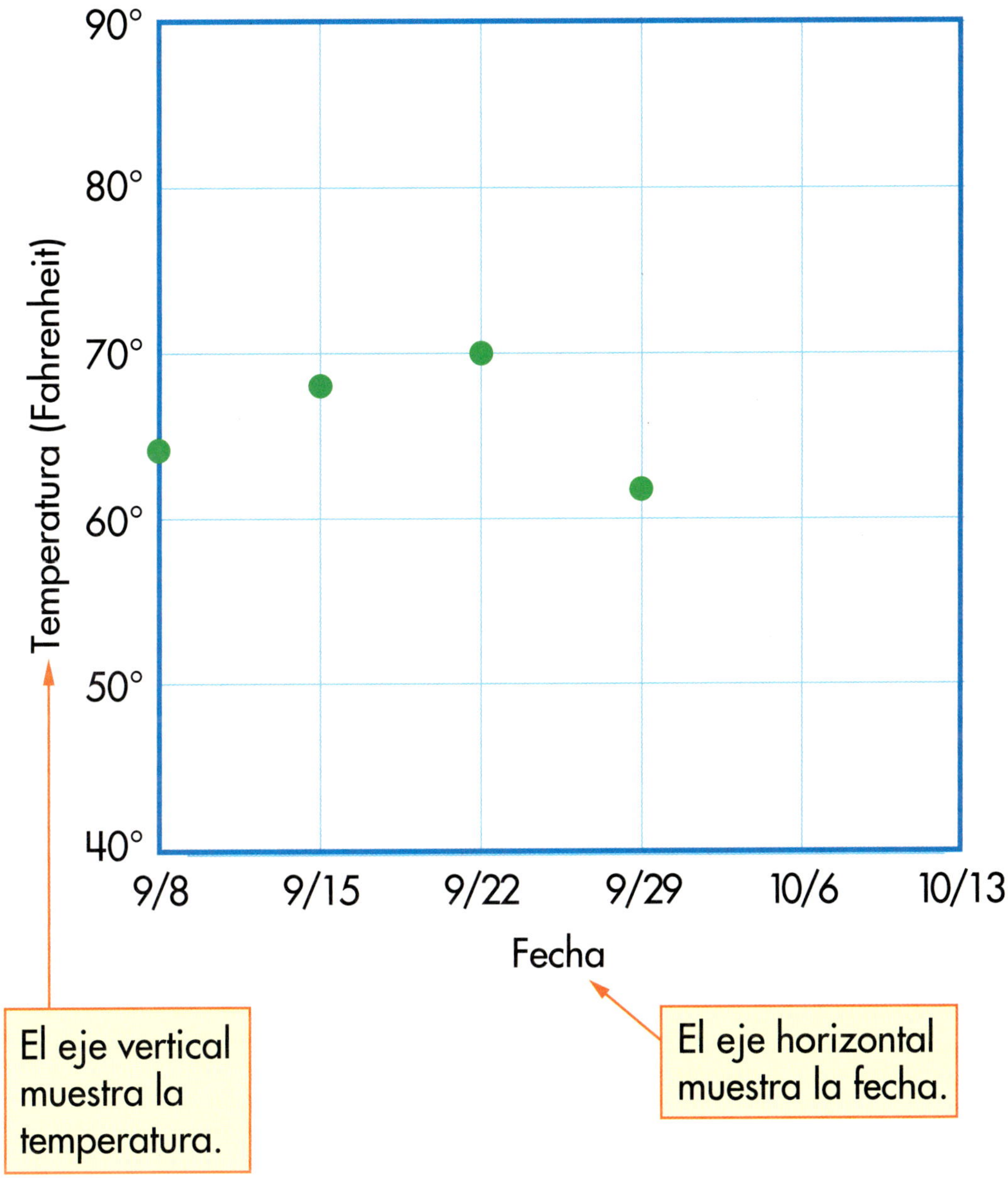

¿En qué estado te parece que vive Keith?

Interpretar puntos en una gráfica lineal

Cada punto de esta gráfica representa dos datos conectados de información: la fecha y la temperatura.

Por ejemplo, mira el punto marcado con una estrella (☆) en la gráfica.

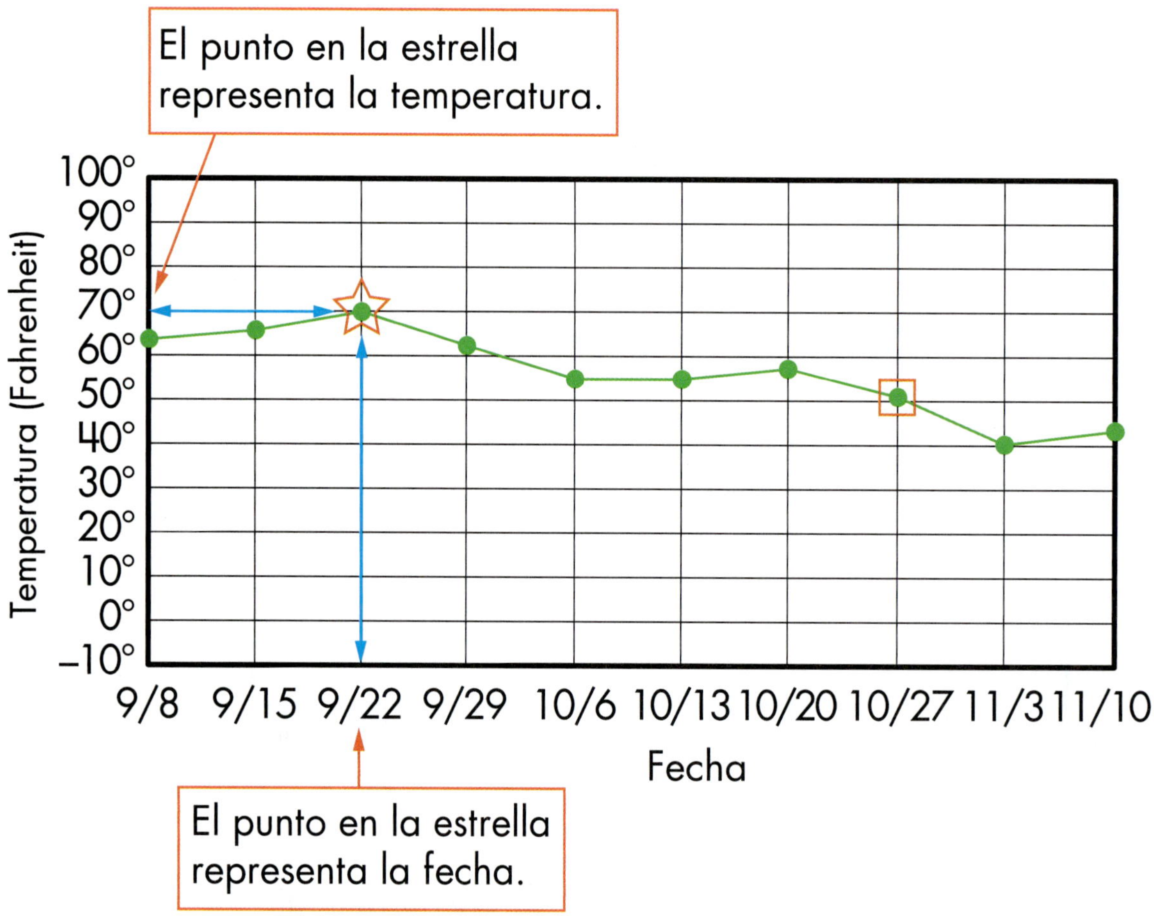

El punto marcado con una estrella (☆) muestra que el 22 de septiembre hizo una temperatura de 70°F.

¿Qué muestra el punto marcado con un cuadrado (□)?

Contar cuentos con gráficas lineales (página 1 de 2)

Cada una de estas gráficas lineales representa parte de una gráfica de temperatura.

Sube

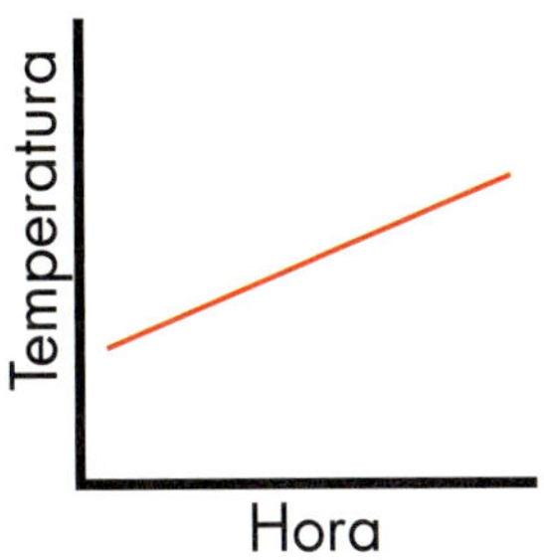

Baja

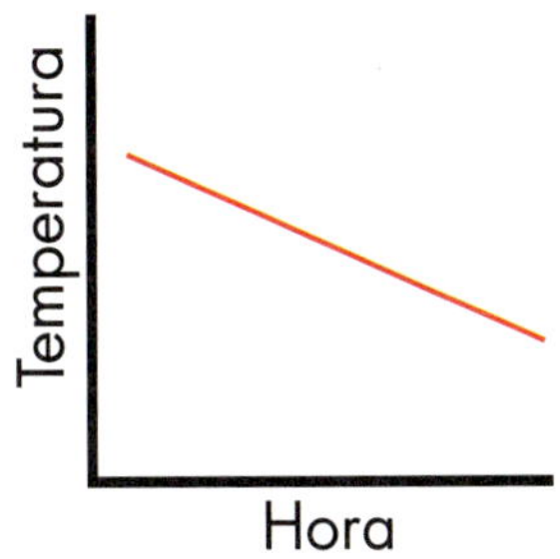

Se mantiene igual

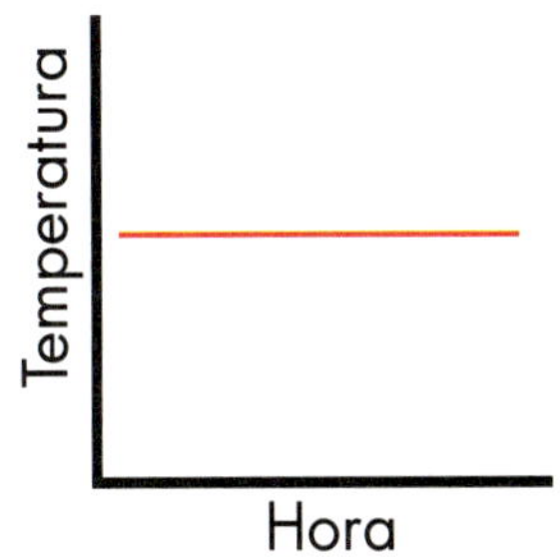

Ésta es la gráfica completa de temperatura de un día de primavera.

Día de primavera

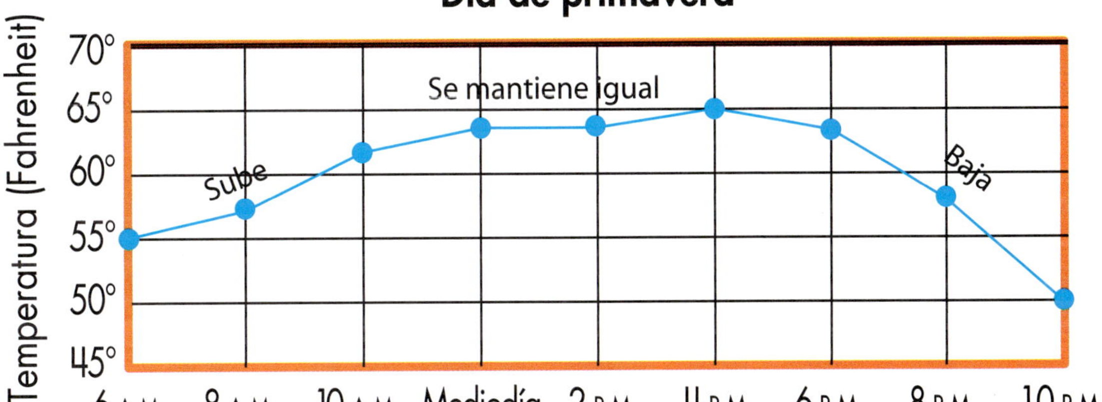

Kathryn escribió este cuento sobre el tiempo que hizo el día de primavera representado en la gráfica.

> Cuando me desperté, estaba nublado y hacía un poco de frío. Al mediodía salió el sol y la temperatura era lo suficientemente cálida como para jugar en el patio. Por la noche bajó tanto la temperatura, que necesité una manta más para dormir.

¿Cuál es la temperatura máxima? ¿Cuál es la temperatura mínima? ¿Cuál es la diferencia en grados entre la temperatura máxima y la mínima?

Contar cuentos con gráficas lineales (página 2 de 2)

Esta gráfica lineal muestra cómo cambió la temperatura de enero a junio en Anchorage, Alaska.

Temperatura en Anchorage, Alaska, de enero a junio

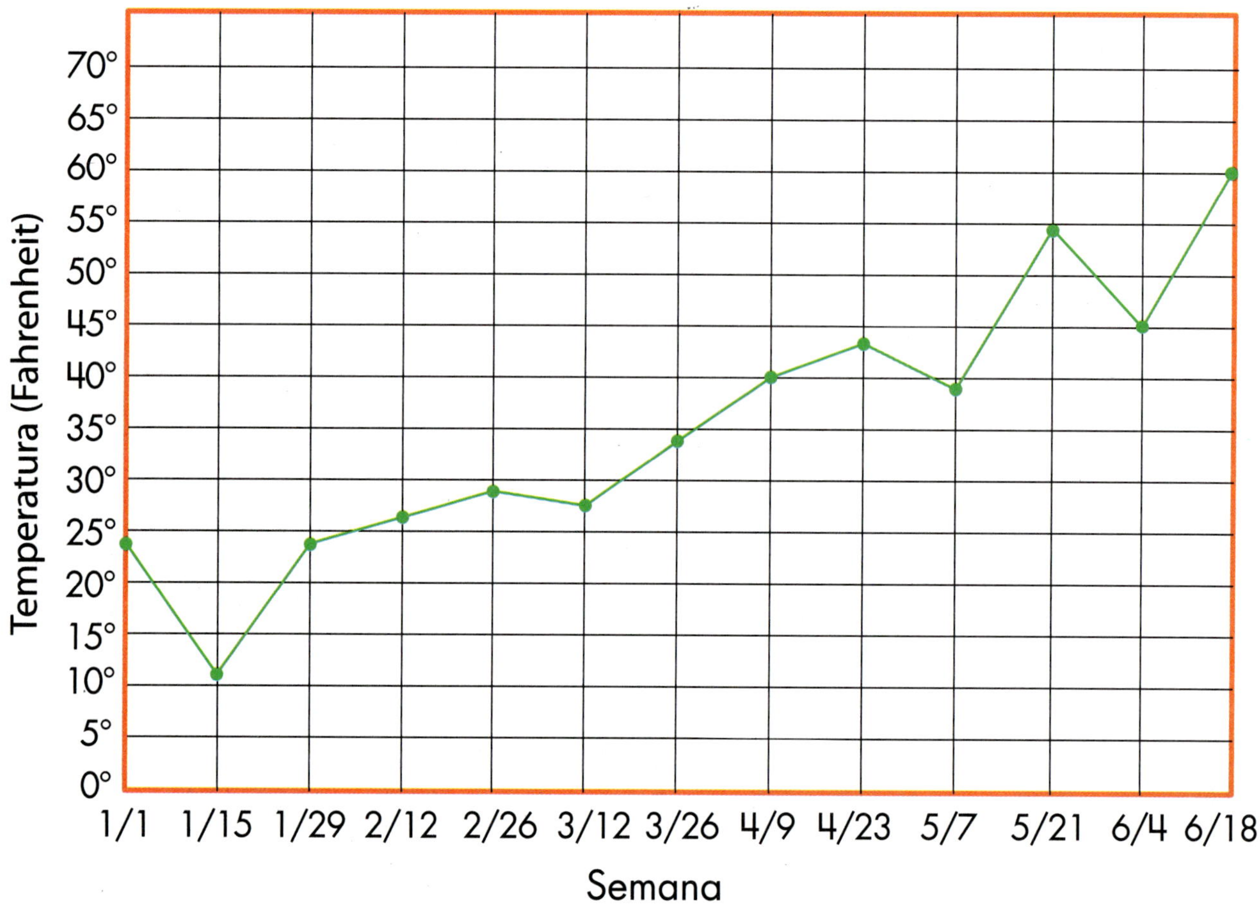

Mira la información de la gráfica. En general, ¿qué cambio de temperatura ocurre en Anchorage de enero a junio? ¿Sube? ¿Baja? ¿Se mantiene igual? ¿Qué otra cosa observas?

Patrones que se repiten

(página 1 de 2)

Palabras de matemáticas
- **unidad**

A continuación se muestran algunos patrones que se repiten hechos con cubos conectables.

La unidad es la parte del patrón que se repite una y otra vez.

Unidad 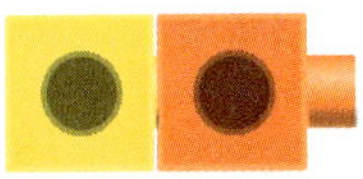

Patrón 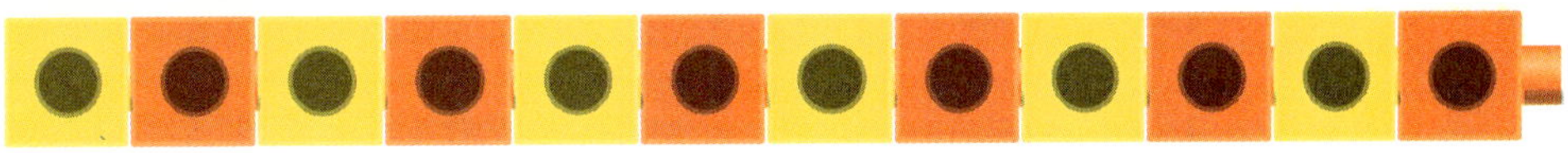

Unidad 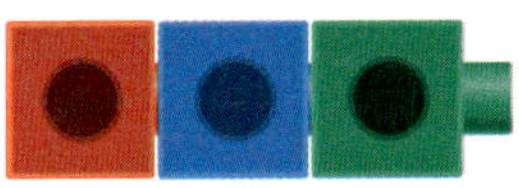

Patrón 

Unidad 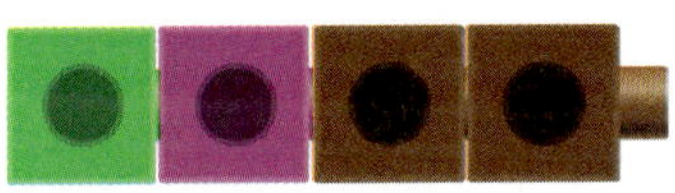

Patrón 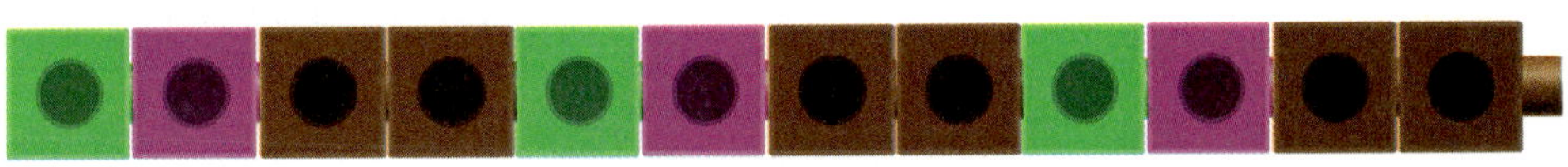

¿Cuál es la unidad de este patrón que se repite?

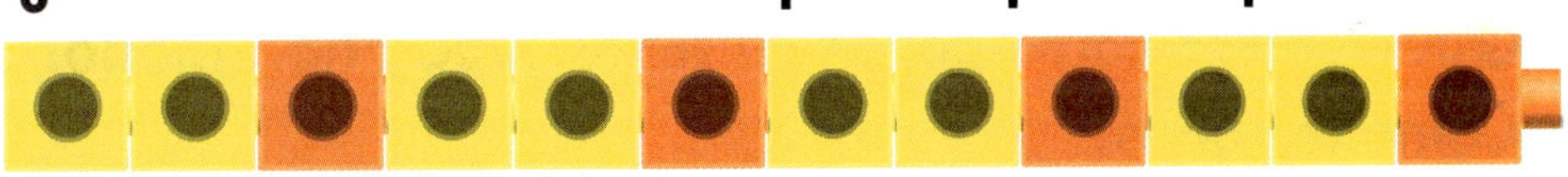

Patrones que se repiten

(página 2 de 2)

En este patrón que se repite, cada cubo está numerado.

En este patrón, el primer cubo anaranjado es el cubo 3.

El segundo cubo anaranjado es el cubo 6.

El tercer cubo anaranjado es el cubo 9.

Cuando un patrón se repite, puedes usar lo que sabes para averiguar qué seguirá.

Si este patrón continúa como hasta ahora, ¿será el cubo 15 amarillo o anaranjado? ¿Cómo lo sabes?
¿De qué color será el cubo 31? ¿Cómo lo sabes?
¿Qué número corresponde al sexto cubo anaranjado? ¿Cómo lo sabes?

Las canicas mágicas de Rhomary (página 1 de 6)

Una situación de cambio constante

En el planeta Rhomary, los niños reciben canicas mágicas como regalos. Los niños de Rhomary pueden usar estas canicas para comprar juguetes, libros, refrigerios y otras cosas.

Durante las primeras 30 noches de cada año, cada niño de Rhomary recibe la visita de un Mensajero de las canicas mágicas, quien le regala la misma cantidad de canicas mágicas cada noche. La primera noche del año, los niños saben cuántas canicas recibirán cada noche durante 30 noches. No todos los niños de Rhomary reciben la misma cantidad.

Las canicas mágicas son tan valiosas, que muchos niños no usan todas sus canicas mágicas durante el año y las guardan para el siguiente. Por tanto, algunos niños comienzan el año con canicas que les sobraron del año anterior y otros no.

Las canicas mágicas de Rhomary (página 2 de 6)

Una situación de cambio constante, *continuación*

Leeyan vive en el planeta Rhomary. El año pasado le sobraron 10 canicas. La primera noche de este año recibió 2 canicas. Leeyan continuó recibiendo 2 canicas cada noche durante las primeras 30 noches del año.

Sobrantes del año pasado	Día 1	Día 2	...Día 5

Total: 10 canicas	Total: 12 canicas	Total: 14 canicas	...Total: 20 canicas

Las canicas mágicas de Rhomary (página 3 de 6)

¿Cuántas canicas?

A Leeyan le sobraron 10 canicas mágicas el año pasado. Este año, recibió 2 canicas mágicas cada noche durante 30 noches. ¿Cuántas canicas mágicas tenía Leeyan el décimo día de este año?

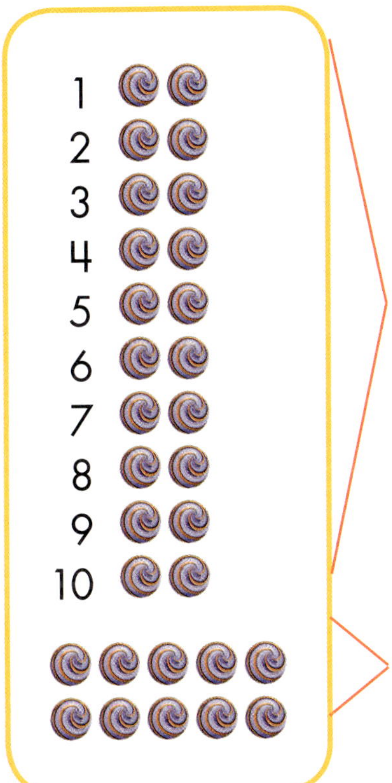

10 días
× 2 canicas por día

20 canicas

\+ 10 canicas del año pasado

30 canicas en total el décimo día de este año

¿Cuántas canicas tenía Leeyan el día 12 de este año? ¿Cómo lo averiguaste?

Las canicas mágicas de Rhomary (página 4 de 6)

Palabras de matemáticas
- **tabla**
- **columna**
- **fila**

Mirar una tabla

Una tabla es un lugar donde se organiza información.

A Leeyan le sobraron 10 canicas mágicas el año pasado. Este año, recibió 2 canicas mágicas cada noche durante 30 noches.

Esta tabla muestra cuántas canicas tenía Leeyan después de cada 5 días.

Las columnas suben y bajan.

Las filas van a través.

Número de días	Cantidad total de canicas
Comienzo	10
1	12
2	14
3	16
4	18
5	20
10	30
15	?

Esta fila muestra que después del quinto día, Leeyan tenía 20 canicas.

A partir de aquí, la tabla salta algunas filas.

¿Cuántas canicas tenía Leeyan en el día 15? ¿Cómo lo averiguaste?

Las canicas mágicas de Rhomary (página 5 de 6)

Mirar una tabla, *continuación*

A Leeyan le sobraron 10 canicas mágicas el año pasado. Este año, recibió 2 canicas mágicas cada noche durante 30 noches.

Esta tabla muestra cuántas canicas tenía Leeyan después de cada 5 días.

Número de días	Cantidad total de canicas
Día 1	10
5	20
10	30
15	40
20	50
25	60
30	?

¿Cuántas canicas tenía Leeyan en el día 30? ¿Cómo lo averiguaste?

Las canicas mágicas de Rhomary (página 6 de 6)

Mirar una gráfica

A Leeyan le sobraron 10 canicas mágicas el año pasado. Este año, recibió 2 canicas mágicas cada noche durante 30 noches.

Esta gráfica muestra la creciente colección de canicas de Leeyan.

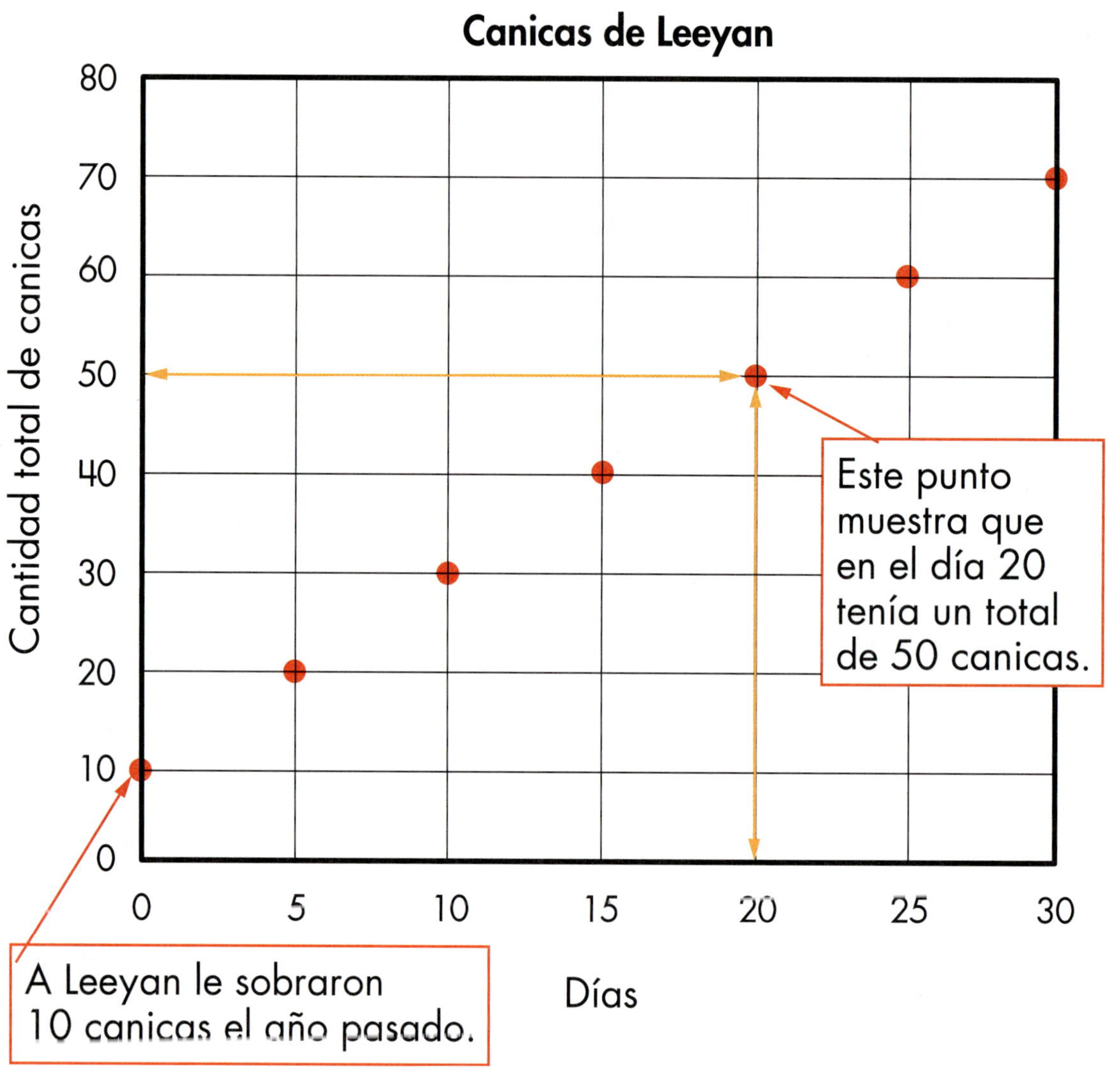

¿Por qué crees que los puntos de esta gráfica están en línea recta?

Comparaciones de canicas mágicas (página 1 de 6)

A Leeyan le sobraron 10 canicas mágicas el año pasado. Este año, recibió 2 canicas mágicas cada noche durante 30 noches.

A Sujo no le sobraron canicas mágicas el año anterior. Este año, recibió 2 canicas mágicas cada noche durante 30 noches.

¿Tendrán Leeyan y Sujo en algún día del mes la misma cantidad de canicas?

Día	Leeyan	Sujo
Día 1	10	0
Día 5	20	10
Día 10	30	20
Día 15	40	30
Día 20	50	40
Día 25	60	50
Día 30	70	60

Comparaciones de canicas mágicas (página 2 de 6)

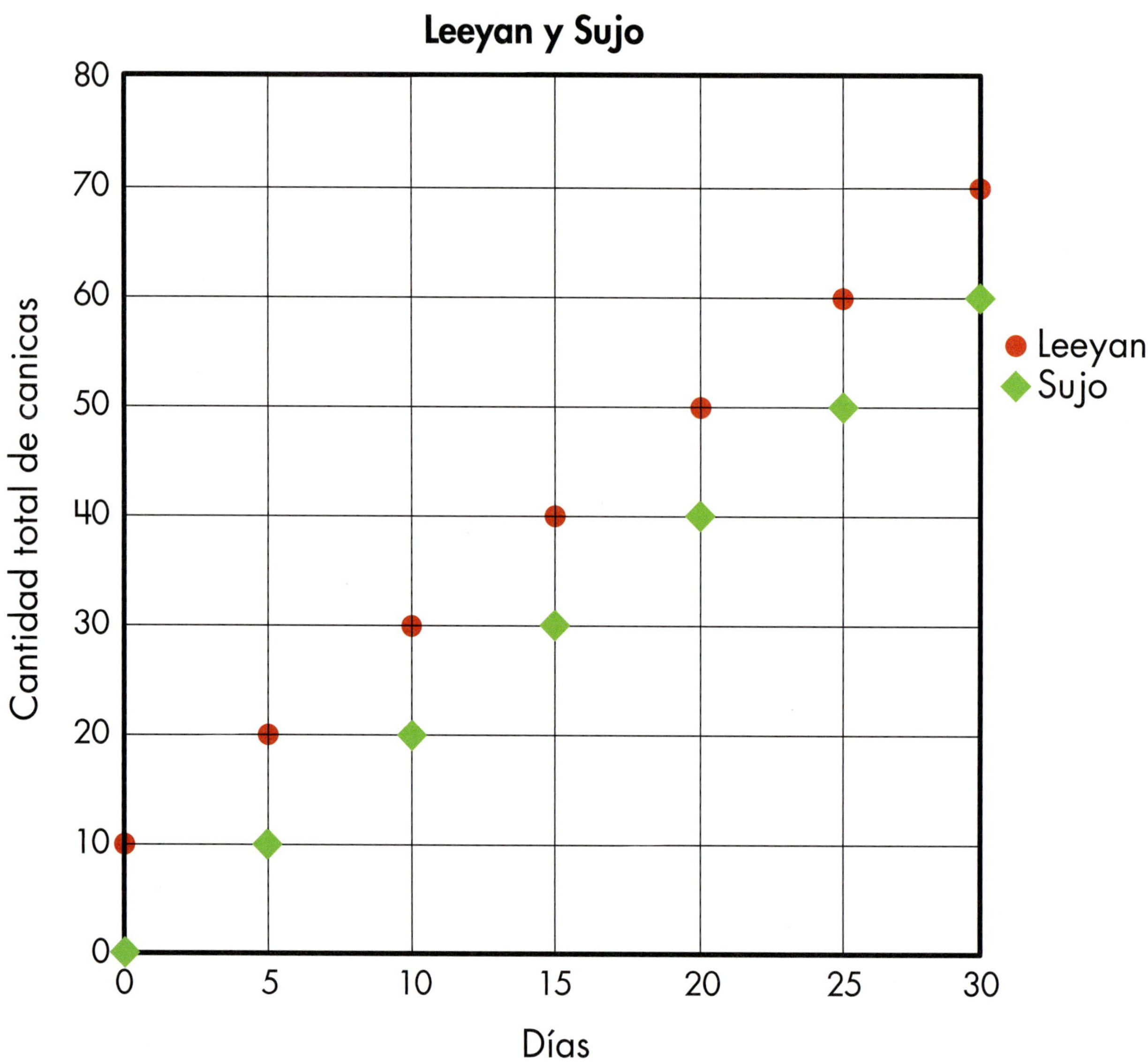

Si Leeyan y Sujo siguen recibiendo 2 canicas cada una durante 30 noches más, ¿tendrán en algún día del mes la misma cantidad de canicas? ¿Cómo se muestra eso en la tabla? ¿Cómo se muestra eso en la gráfica?

Comparaciones de canicas mágicas (página 3 de 6)

A Leeyan le sobraron 10 canicas mágicas el año pasado. Este año, recibió 2 canicas mágicas cada noche durante 30 noches.

A Marzig también le sobraron 10 canicas mágicas el año pasado. Este año, recibió 3 canicas mágicas cada noche durante 30 noches.

¿Volverán Leeyan y Marzig a tener en algún día del mes la misma cantidad de canicas?

Día	Leeyan	Marzig
Día 1	10	10
Día 5	20	25
Día 10	30	40
Día 15	40	55
Día 20	50	70
Día 25	60	85
Día 30	70	100

Comparaciones de canicas mágicas (página 4 de 6)

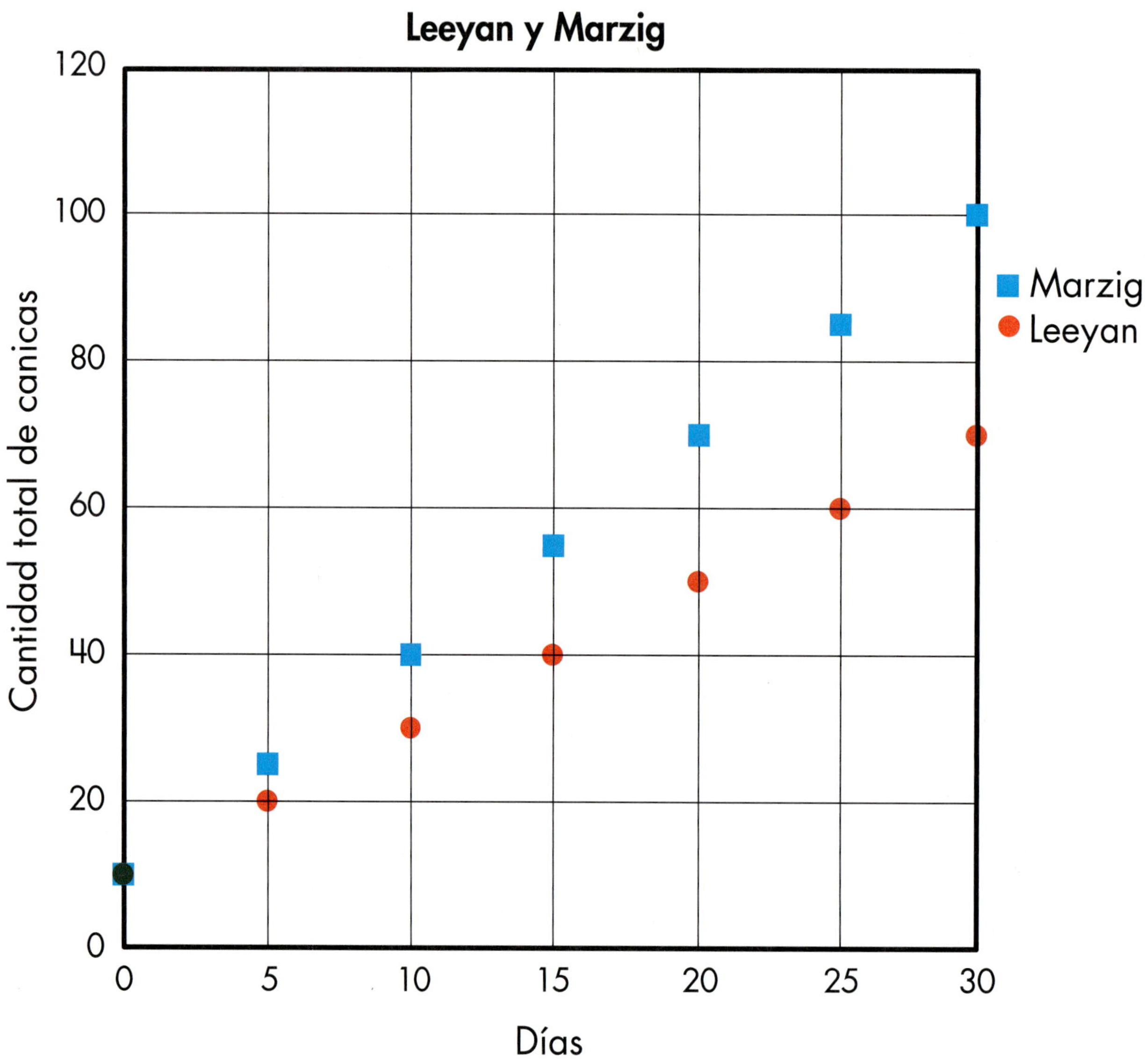

Si Leeyan sigue recibiendo 2 canicas cada noche y Marzig sigue recibiendo 3 canicas cada noche durante 30 noches más, ¿tendrán en algún día del mes la misma cantidad de canicas? ¿Cómo se muestra eso en la tabla? ¿Cómo se muestra eso en la gráfica?

Comparaciones de canicas mágicas (página 5 de 6)

A Leeyan le sobraron 10 canicas mágicas el año pasado. Este año, recibió 2 canicas mágicas cada noche durante 30 noches.

A Bethin no le sobró ninguna canica mágica el año pasado. Este año, recibió 3 canicas mágicas cada noche durante 30 noches.

¿Tendrán Leeyan y Bethin en algún día del mes la misma cantidad de canicas?

Día	Leeyan	Bethin
Día 1	10	0
Día 5	20	15
Día 10	30	30
Día 15	40	45
Día 20	50	60
Día 25	60	75
Día 30	70	90

Comparaciones de canicas mágicas (página 6 de 6)

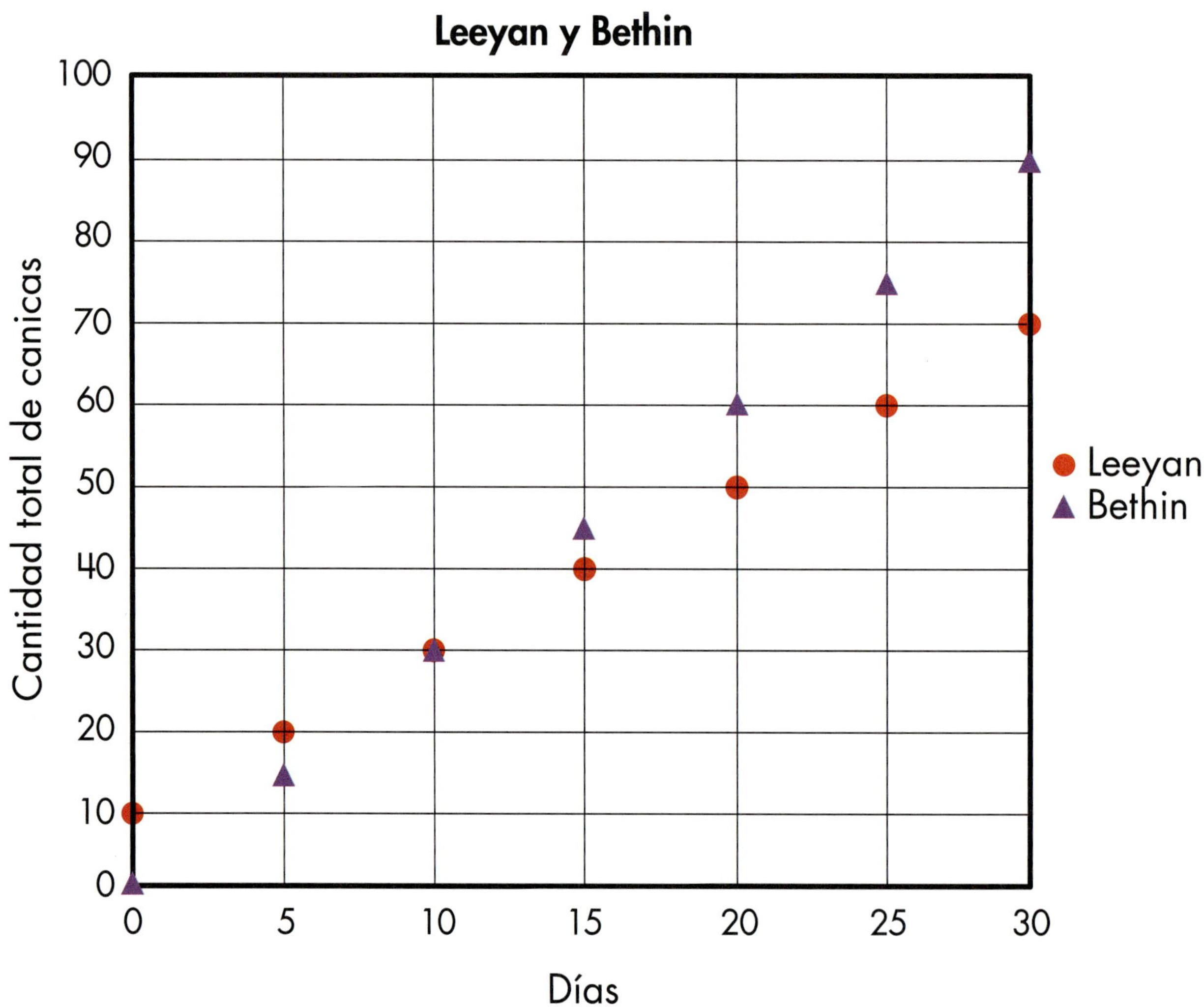

¿Tienen Leeyan y Bethin en algún día del mes la misma cantidad de canicas? ¿Cómo se muestra eso en la tabla? ¿Cómo se muestra eso en la gráfica? Si Leeyan sigue recibiendo 2 canicas cada noche y Bethin sigue recibiendo 3 canicas cada noche durante 30 noches más, ¿tendrán en algún día del mes la misma cantidad de canicas? ¿Cómo lo sabes?

Escribir reglas para describir cambios

A Tharna le sobraron 5 canicas mágicas el año pasado. Este año, recibió 3 canicas mágicas cada noche durante 30 noches. ¿Cuántas canicas mágicas tenía Tharna el décimo día?

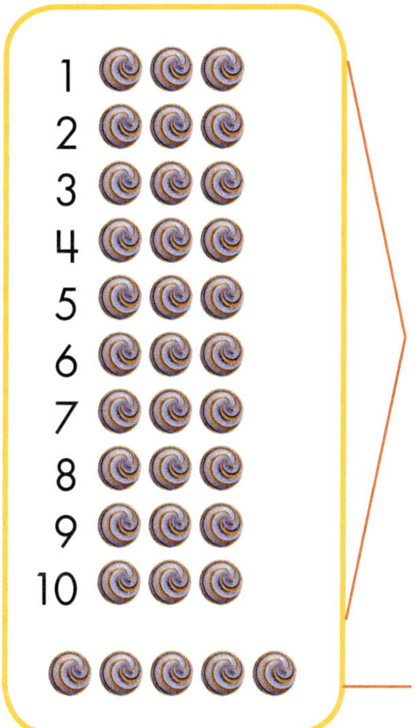

10	días
× 3	canicas por día
30	canicas
+ 5	canicas del año pasado
35	**canicas en total** el décimo día de este año

Tharna escribió esta regla sobre sus canicas.

Multiplico el número de días por 3 canicas al día y luego le sumo las 5 canicas que me sobraron el año pasado. Así averiguo el número de canicas que tengo cualquier día del mes.

Número de días × 3 + 5

¿Sirve la regla de Tharna para hallar la cantidad total de canicas del décimo día? ¿Puedes usar la regla de Tharna para averiguar cuántas canicas tenía el día treinta? Haz una tabla o una gráfica de las canicas de Tharna para comprobar.

Trabajar con datos

Palabras de matemáticas
- **datos**

Los datos son partes de información. Se pueden reunir datos al contar algo, al medir algo o al hacer algún experimento.

Reunimos datos para recopilar información sobre el mundo que nos rodea.

Al reunir, representar y analizar datos puedes contestar preguntas como las siguientes:

Trabajar con datos es un proceso.

Hacer una pregunta. → Reunir datos. → Organizar y representar los datos. → Describir y resumir los datos. → Interpretar los datos, sacar conclusiones y hacer nuevas preguntas. → (de vuelta a: Hacer una pregunta.)

Reunir datos

Palabras de matemáticas
- **encuesta**

Keisha se preguntó:

Hizo una encuesta en su clase y reunió este conjunto de datos.

¿Cuál es tu juego favorito?			
Jane	Damas	**Inés**	Carreras en sacos
Arthur	Saltar la cuerda	**Kathryn**	Columpios
Beatriz	Ping-pong	**Keith**	Escondite
Becky	Corre que te pillo	**Kenji**	Damas chinas
Chiang	Rayuela	**Dwayne**	Dominó
Denzel	Dardos	**Keisha**	Sube y baja
Deondra	Armar rompecabezas	**Nancy**	Tiovivo
Edwin	Futbol	**Nicholas**	Basquetbol
Elena	Beisbol	**Philip**	Barras
Gil	Tenis	**Zhang**	Ajedrez

Organizar datos en categorías (página 1 de 2)

Organizar datos en categorías puede ayudarte a aprender algo acerca del grupo sobre el que estás haciendo una encuesta.

Ésta es la primera pregunta de Keisha.

¿Dónde juegan los niños sus juegos favoritos?

	Corre que te pillo	
	Rayuela	
	Sube y baja	Ping-pong
	Escondite	Armar rompecabezas
	Carreras en sacos	Dardos
Futbol	Saltar la cuerda	Damas
Beisbol	Columpios	Dominó
Tenis	Barras	Ajedrez
Basquetbol	Tiovivo	Damas chinas
En canchas y campos de deportes	**En el área de juegos**	**En casa**

Keisha se dio cuenta de que:

A casi la mitad de los estudiantes de su clase le gusta jugar en el área de juegos.

Organizar datos en categorías (página 2 de 2)

Ésta es la segunda pregunta de Keisha.

¿Los estudiantes prefieren jugar solos, en pareja o en grupo?

		Corre que te pillo
		Beisbol
	Tenis	Tiovivo
	Ping-pong	Futbol
	Sube y baja	Carreras en sacos
	Columpios	Escondite
	Rayuela	Basquetboll
	Dardos	Damas chinas
Armar rompecabezas	Damas	Dominó
Saltar la cuerda	Ajedrez	Barras
Juegos que puedes jugar solo	**Juegos que se juegan en pareja**	**Juegos que se juegan en grupo**

Keisha se dio cuenta de que:

Casi todos los estudiantes prefieren jugar con otras personas.

¿Qué otras categorías puedes formar con estos datos?

Leer e interpretar una gráfica de barras

Palabras de matemáticas
- **gráfica de barras**
- **intervalo**
- **escala**

Keisha se preguntó dónde prefieren jugar los estudiantes de tercer grado de su escuela. Reunió datos de las otras clases de tercer grado.

Sus datos se muestran en esta gráfica de barras.

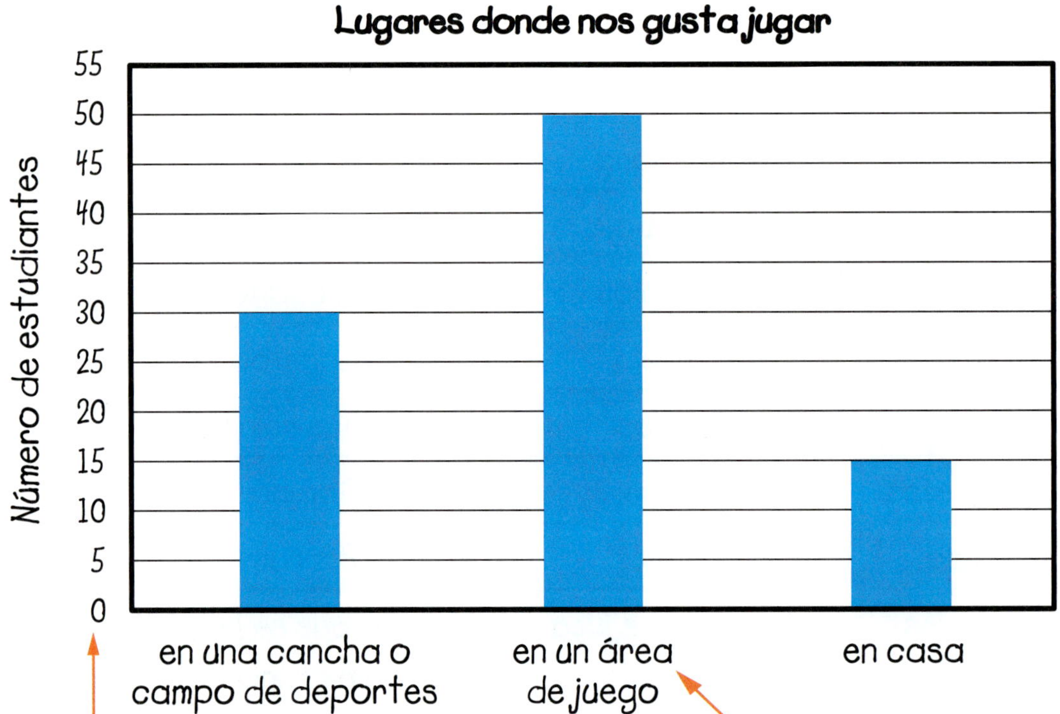

Estos números representan el número de estudiantes.

La escala está marcada en intervalos de 5.

Cada categoría está rotulada en la parte de abajo de la gráfica.

La barra del medio muestra que 50 estudiantes de tercer grado prefieren jugar en el área de juego.

Más de la mitad, menos de la mitad

Estas frases son útiles para describir y resumir datos:

Casi todos los datos...

Muy pocos de los datos...

Aproximadamente la mitad de los datos...

Más de la mitad de los datos...

Menos de la mitad de los datos...

Keisha compartió con sus compañeros de clase los datos que reunió.

La maestra preguntó: "¿Qué piensan sobre los lugares donde los estudiantes de tercer grado prefieren jugar?"

Éstas son algunas de las respuestas de los estudiantes.

Muy pocos *de los estudiantes prefieren jugar en casa.*

Aproximadamente la mitad *de los estudiantes prefiere jugar en el área de juego.*

Menos de la mitad *de los estudiantes prefiere jugar en una cancha o en un campo de deportes.*

Casi todos *los estudiantes prefieren jugar al aire libre, ya sea en una cancha, un campo de deportes o en un área de juego.*

¿Cómo describirías los lugares donde estos estudiantes de tercer grado prefieren jugar?

Leer e interpretar una gráfica de doble barra

Palabras de matemáticas
- **gráfica de doble barra**
- **clave**

Keisha comparó los lugares donde los estudiantes de tercer grado y de primer grado prefieren jugar. Reunió datos de los estudiantes de primer grado de su escuela.

Los datos que reunió se muestran en esta gráfica de doble barra.

La clave muestra que las barras azules corresponden a las respuestas de los estudiantes de tercer grado y que las barras moradas corresponden a las respuestas de los estudiantes de primer grado.

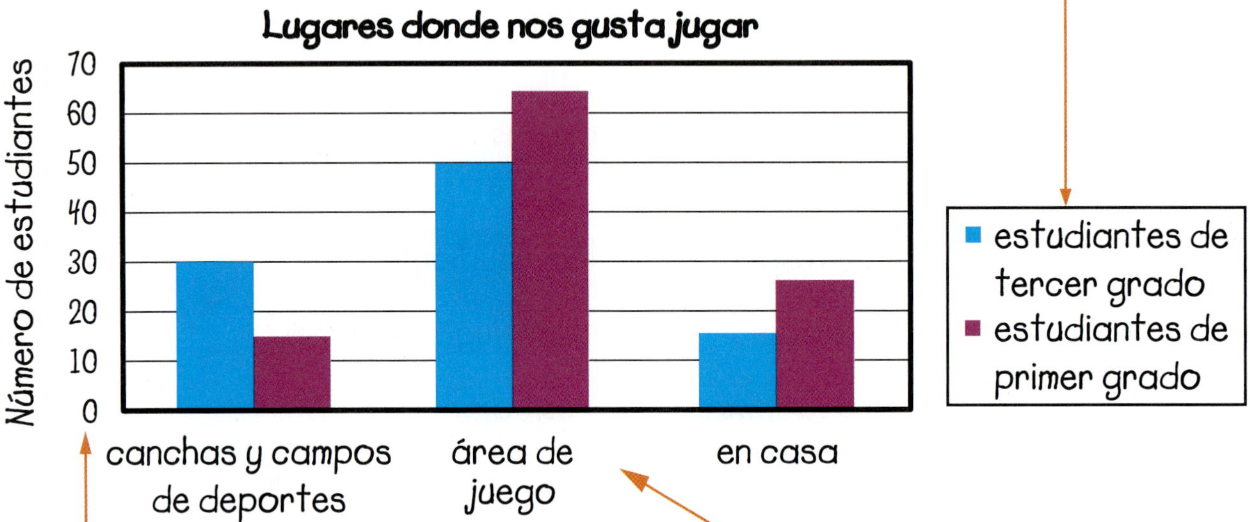

Estos números representan el número de estudiantes. La escala está marcada en intervalos de 10.

Cada categoría está rotulada en la parte de abajo de la gráfica.

Las barras del medio muestran que 50 estudiantes de tercer grado y 65 estudiantes de primer grado prefieren jugar en un área de juego.

Compara los lugares donde los estudiantes de tercer grado prefieren jugar con los lugares donde los estudiantes de primer grado prefieren jugar. ¿En qué se parecen o se diferencian? ¿Qué razones podrían explicar las similitudes o las diferencias?

Organizar y representar datos (página 1 de 2)

Palabras de matemáticas
- **marcas de conteo**

Becky se preguntó:

Hizo una encuesta en su clase y reunió este conjunto de datos:

¿Cuántos estados han visitado?			
Jane 3	Deondra 2	Kathryn 7	Nancy 3
Arthur 4	Edwin 1	Keith 8	Nicholas 3
Beatriz 1	Elena 3	Kenji 2	Philip 1
Becky 2	Gil 14	Dwayne 2	Zhang 5
Chiang 3	Inés 1	Murphy 8	
Denzel 8	Jung 4	Keisha 7	

Becky decidió organizar y representar los datos de varias maneras diferentes.

Primero usó marcas de conteo para organizar los datos.

Cantidad de estados	Número de estudiantes
1	||||
2	||||
3	𝍸
4	||
5	|
7	||
8	|||
14	|

Organizar y representar datos (página 2 de 2)

Palabras de matemáticas

- **diagrama de puntos**

Luego, Becky representó en un diagrama de puntos los datos que reunió.

Cada X del diagrama de puntos representa a un estudiante de la clase de Becky.

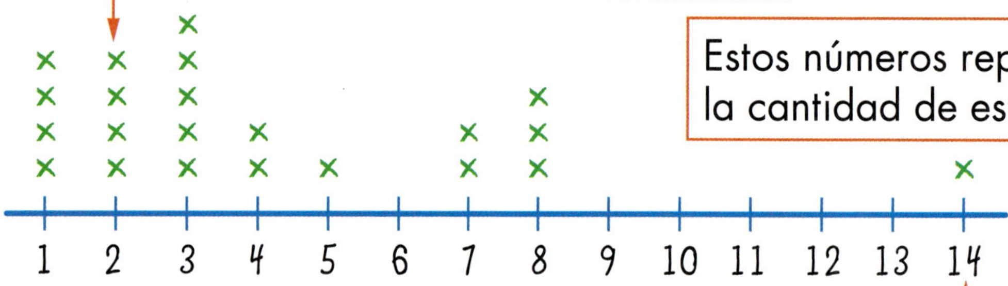

Estos números representan la cantidad de estados.

Becky hizo el diagrama de puntos empezando desde el valor más bajo del conjunto de datos (1 estado)...

...al valor más alto del conjunto de datos (14 estados).

También representó los datos en una gráfica de barras.

Cantidad de estados visitados

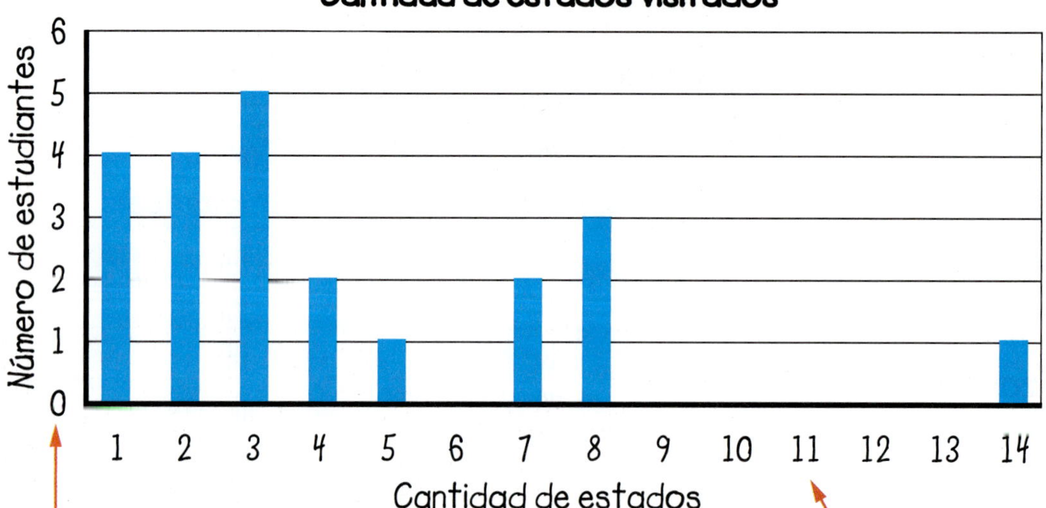

Estos números representan el número de estudiantes.

Estos números representan la cantidad de estados.

Describir y resumir datos (página 1 de 2)

Palabras de matemáticas
- **moda**

Becky compartió con los compañeros de su clase los datos que reunió.

La maestra preguntó: *"¿Qué piensan sobre el número de estados visitados por los estudiantes de nuestra clase?"*

Éstas son algunas de las respuestas de los estudiantes:

Gina observó el valor más bajo y el más alto de este conjunto de datos:

> **Gina:** *El rango de datos es de 1 a 14 estados. Nadie de nuestra clase visitó menos de 1 estado y nadie visitó más de 14 estados.*

Kenji halló un intervalo donde se concentra la mayoría de los datos:

> **Kenji:** *Más de la mitad de la clase visitó entre 1 y 3 estados.*

Pilar observó la moda de este conjunto de datos:

> **Pilar:** *Más estudiantes visitaron 3 estados que cualquier otra cantidad de estados.*

La moda es el valor que ocurre con más frecuencia en un conjunto de datos.

Describir y resumir datos (página 2 de 2)

Palabras de matemáticas

- **valor extremo**

Óscar observó un valor extremo en este conjunto de datos.

Óscar: *Un estudiante visitó 14 estados y el dato de 14 estados está lejos del resto de los datos. Visitar 14 estados es poco común en nuestra clase, ya que la mayoría de los estudiantes visitó entre 1 y 3 estados.*

Un valor extremo es una sección de datos que tiene un valor poco común, mucho más bajo o mucho más alto que la mayoría de los datos.

Óscar observó un pequeño grupo de datos.

Unos cuantos estudiantes de nuestra clase visitaron 7 u 8 estados. Esa cantidad es mayor que la cantidad de estados que la mayoría de los estudiantes visitó.

Piensa en el valor extremo de los datos de Becky. ¿Qué razones crees que explican por qué un estudiante visitó 14 estados? ¿Qué crees que indican los datos sobre la clase? Si estuvieras escribiendo un artículo de periódico, ¿qué reportarías? ¿Qué evidencias de los datos apoyan tus ideas?

Comparar dos conjuntos de datos (página 1 de 5)

Algunos de los compañeros de clase de Becky se preguntaron:

¿Qué comparación existe entre la cantidad de estados que visitaron los estudiantes de tercer grado y la cantidad de estados que visitaron los estudiantes de quinto grado?

Reunieron datos de una clase de quinto grado.

¿Cuántos estados has visitado?

3	7	4	1	6	11
1	3	10	4	9	4
7	5	2	5	1	6
4	5	2	10	7	

Usaron marcas de conteo para organizar los datos de la clase de quinto grado.

Grado 5	
Cantidad de estados	**Número de estudiantes**
1	|||
2	||
3	||
4	||||
5	|||
6	||
7	|||
9	|
10	||
11	|

Comparar dos conjuntos de datos (página 2 de 5)

Los estudiantes crearon representaciones que les permitieron comparar fácilmente los datos de la clase de quinto grado con los datos que había reunido Becky de su clase de tercer grado.

Philip representó cada conjunto de datos en un diagrama de puntos.

Representación de Philip

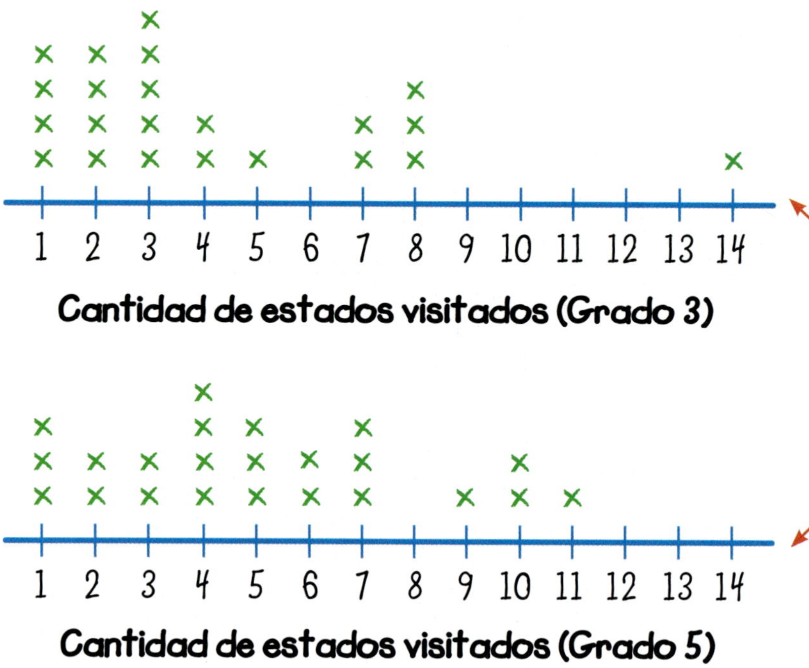

Usó la misma escala de 1 estado a 14 estados en ambos diagramas de puntos para que fuese más fácil hacer la comparación.

Philip: *Aproximadamente la mitad de los estudiantes de quinto grado ha visitado 5 estados o más. Muy pocos de los estudiantes de tercer grado han visitado 5 estados o más.*

Comparar dos conjuntos de datos (página 3 de 5)

Elena representó los datos en una gráfica de doble barra.

Representación de Elena

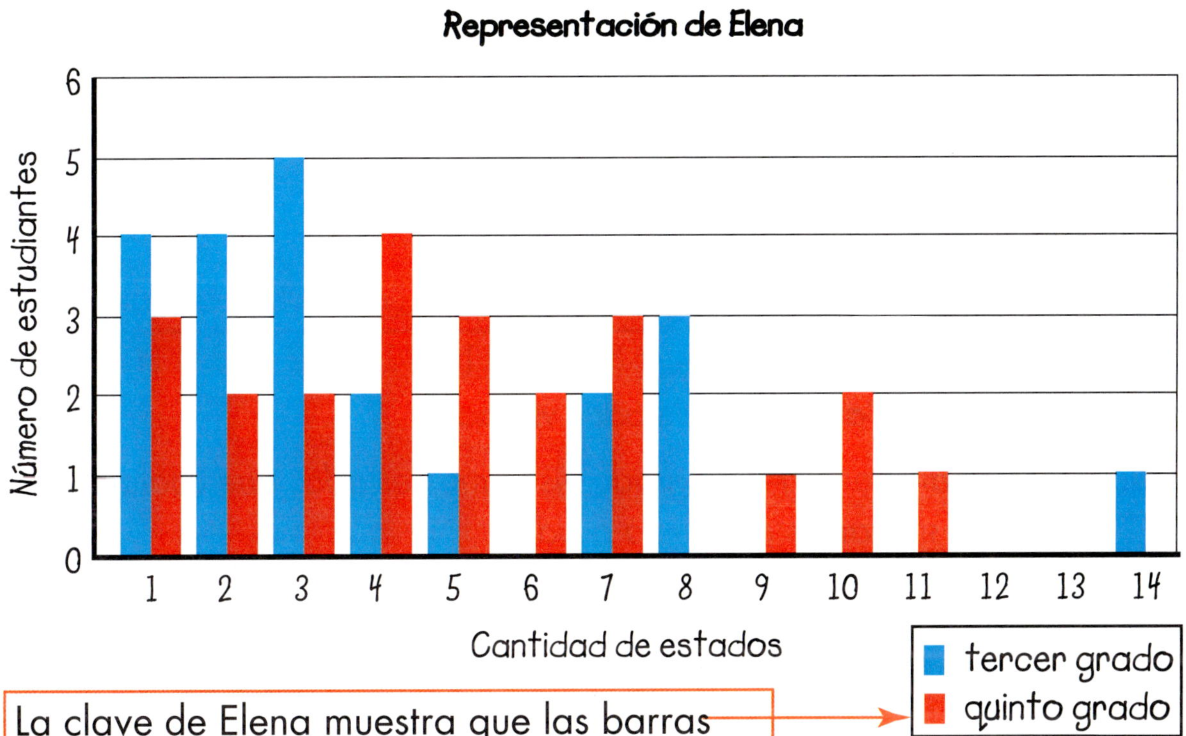

La clave de Elena muestra que las barras azules representan los estudiantes de tercer grado y que las barras rojas representan los estudiantes de quinto grado.

Elena: *La mayoría de los estudiantes de tercer grado visitó 3 estados. La mayoría de los estudiantes de quinto grado visitó 4 estados.*

Comparar dos conjuntos de datos (página 4 de 5)

Así es como Kelley representó los datos. Usó los números 3 y 5 en vez de X para mostrar esos dos grados.

Representación de Kelley

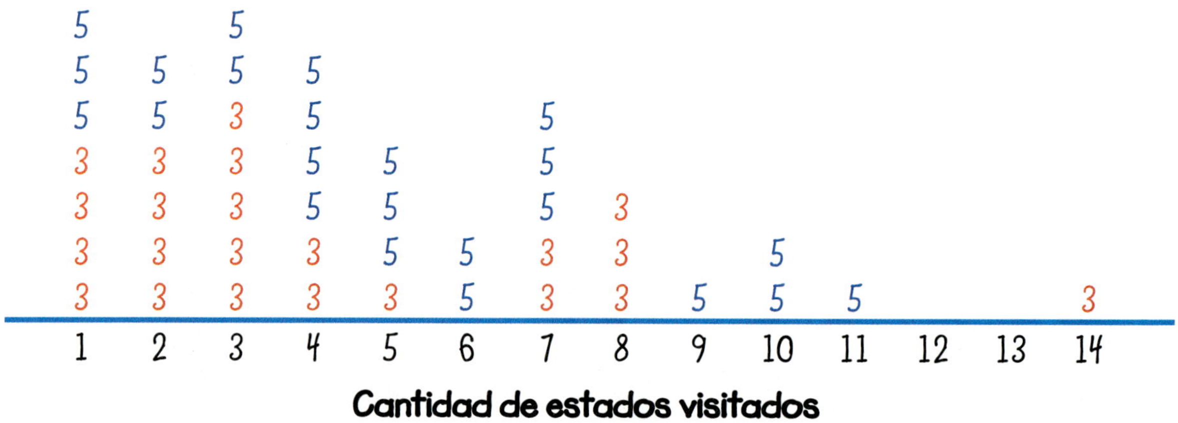

Kelley: *Un estudiante de tercer grado visitó más estados que cualquiera de los estudiantes de quinto grado.*

Así es como Gil representó los datos.

Representación de Gil

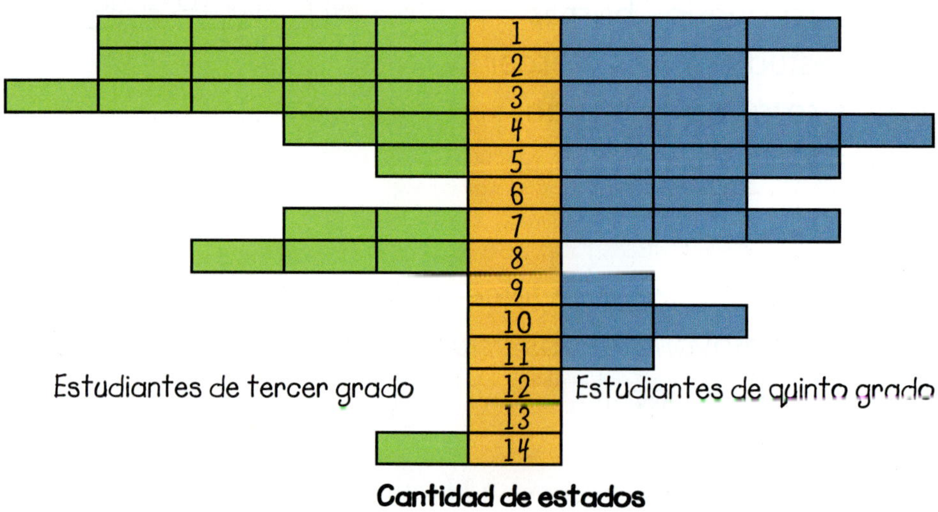

Gil: *Cuatro estudiantes de quinto grado visitaron 9 estados o más. Sólo un estudiante de tercer grado visitó más de 9 estados.*

Comparar dos conjuntos de datos (página 5 de 5)

Palabras de matemáticas
- **mediana**

Keith halló la mediana de los siguientes conjuntos de datos.

La mediana es el valor que se encuentra en el medio de los datos cuando todos los datos han sido ordenados.

Representación de Keith: A continuación aparecen ordenados todos los datos de **quinto grado**:

1, 1, 1, 2, 2, 3, 3, 4, 4, 4, 4, 5, 5, 5, 6, 6, 7, 7, 7, 9, 10, 10, 11

mediana

El valor del medio es 5.

El valor de la mediana es 5 estados.

La mitad de los estudiantes de quinto grado visitó 5 estados o menos y la otra mitad visitó 5 estados o más.

A continuación aparecen ordenados todos los datos de **tercer grado**:

1, 1, 1, 1, 2, 2, 2, 2, 3, 3, 3, 3, 3, 4, 4, 5, 7, 7, 8, 8, 8, 14

mediana

Los dos valores del medio son 3.

El valor de la mediana es 3 estados.

La mitad de los estudiantes de tercer grado visitó 3 estados o menos y la otra mitad visitó 3 estados o más.

Keith: *La mediana de los datos de tercer grado (3 estados) es menor que la mediana de los datos de quinto grado (5 estados). En general, los estudiantes de quinto grado visitaron más estados que los de tercer grado.*

Compara la cantidad de estados que visitaron los estudiantes de tercer grado con la cantidad de estados que visitaron los estudiantes de quinto grado. ¿En qué se parecen o se diferencian? ¿Qué razones crees que explican las similitudes o las diferencias?

Medición lineal

Al medir la longitud se pueden contestar preguntas como las siguientes.

¿Cuál es mi estatura?

¿Qué ancho tiene este estante?

¿Cuál es el perímetro de esta cancha de futbol?

Hay dos sistemas diferentes para medir la longitud.

En los Estados Unidos se usa el sistema de medidas convencionales de EE. UU. para medir la mayoría de las longitudes, usando pulgadas, pies, yardas y millas. Otros dos países, Liberia y Myanmar, usan este sistema de medición.	En casi todos los otros países del mundo se usa el sistema métrico para medir longitudes, usando milímetros, centímetros, metros y kilómetros.

- En la Unidad 2, *Encuestas y gráficas de puntos,* reunirás datos midiendo longitudes en pulgadas, pies y yardas.
- En la Unidad 4, *Perímetro, ángulos y área,* aprenderás más sobre el sistema de medidas convencionales y el sistema métrico.

Referencias del sistema de medidas convencionales

Palabras de matemáticas
- **pulgada**
- **pie**
- **yarda**

Objetos que tienen *más o menos* la misma longitud son...

1 pulgada
longitud de la cabeza de un cepillo de dientes
longitud de un geometrino
distancia de la punta del pulgar al nudillo
longitud de un clip

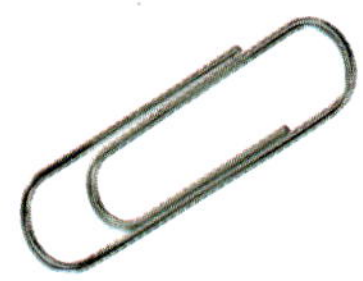

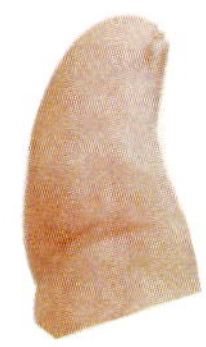

1 pie (12 pulgadas)
altura de una botella
longitud de una regla
ancho de una pala
longitud de la cuchilla de un patín de hielo

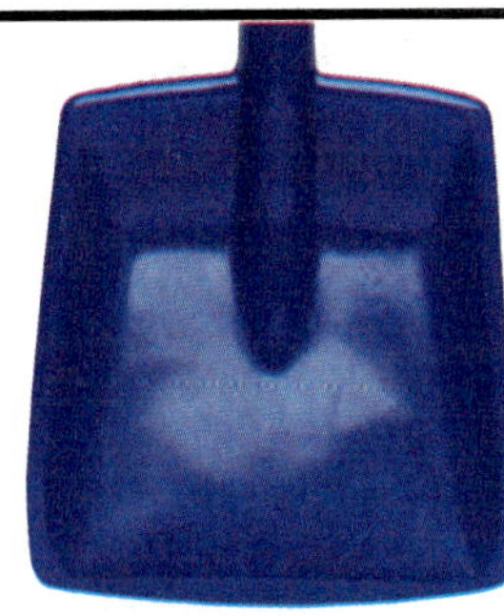

1 yarda (36 pulgadas o 3 pies)
estatura de un niño pequeño
longitud de una raqueta de tenis
longitud de una regla de 1 yarda

¿Puedes hallar otros objetos que tengan más o menos la longitud de una pulgada, un pie o una yarda?

Referencias del sistema métrico

Objetos que tienen *más o menos* la misma longitud son...

Palabras de matemáticas
- **sistema métrico**
- **centímetro**
- **metro**

1 centímetro

ancho de una uña

longitud de un frijol negro crudo

ancho del extremo de un borrador de lápiz

longitud de una mariquita

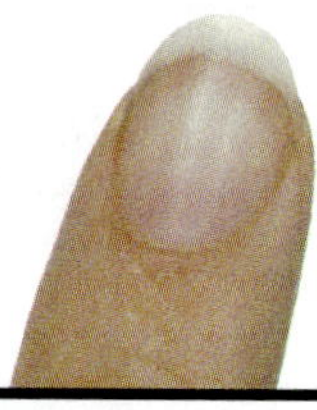

Un centímetro es más pequeño que una pulgada. Se necesitan unos $2\frac{1}{2}$ centímetros para formar una pulgada.

1 pulgada

1cm

1 metro (100 centímetros)

longitud de un escritorio

altura de una ventana

longitud del mango de una escoba

longitud de una regla de 1 metro

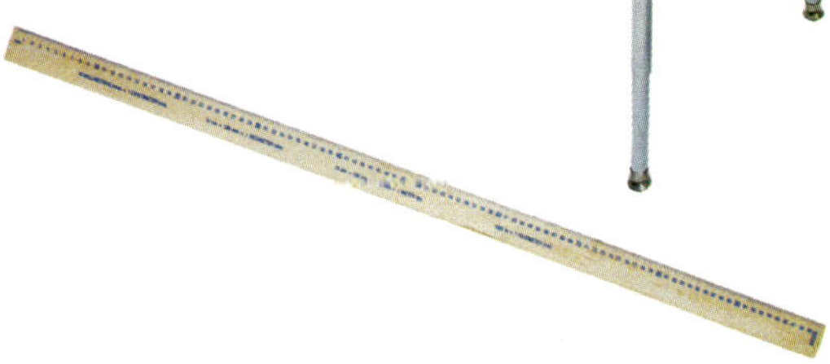

Un metro es un poco más largo que una yarda.

Halla algo que tenga más o menos la longitud de un centímetro o un metro. ¿Qué hallaste?

Instrumentos de medición

Una regla es un instrumento para medir la longitud.

Esta regla mide pulgadas de un lado y centímetros del otro lado.

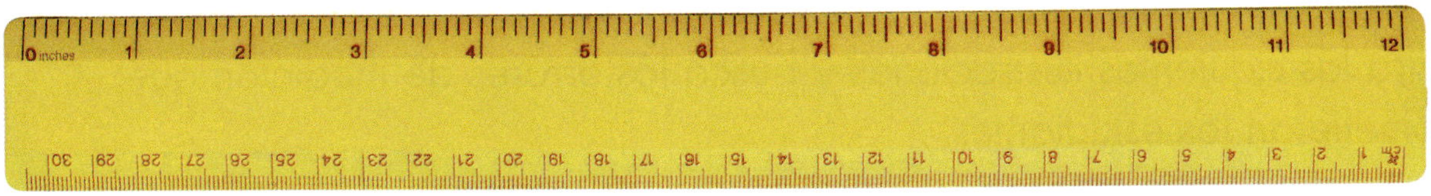

Esta regla mide 6 pulgadas (o $\frac{1}{2}$ pie). Tiene más o menos 15 centímetros de largo.

Una regla comienza en 0.

Las pulgadas terminan en estas líneas.

Las media pulgadas están marcadas entre las pulgadas enteras.

El lápiz comienza en 0 y termina entre 5 y 6. Tiene $5\frac{1}{2}$ pulgadas de largo.

Éstos son algunos instrumentos de medición.

cintas de medir

regla de 1 yarda y regla de 1 metro

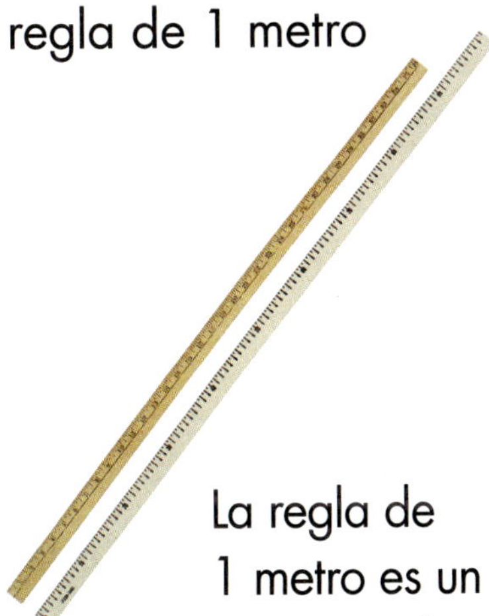

La regla de 1 metro es un poco más larga.

odómetro

Un odómetro mide la distancia que ha viajado un carro en millas o en kilómetros.

Medir en forma precisa

Los estudiantes de la clase de la maestra Smith usaron reglas para medir la longitud de la bandeja del pizarrón de su clase. Aunque los estudiantes midieron la misma distancia, obtuvieron diferentes respuestas.

Mira las siguientes ilustraciones y busca los errores de medición que cometieron los estudiantes.

Becky midió 3 pies.

Becky: *Dejé espacios entre las reglas, por lo que mi respuesta fue menor.*

Kenji midió 4 pies.

Kenji: *Monté las reglas, por lo que mi respuesta fue mayor.*

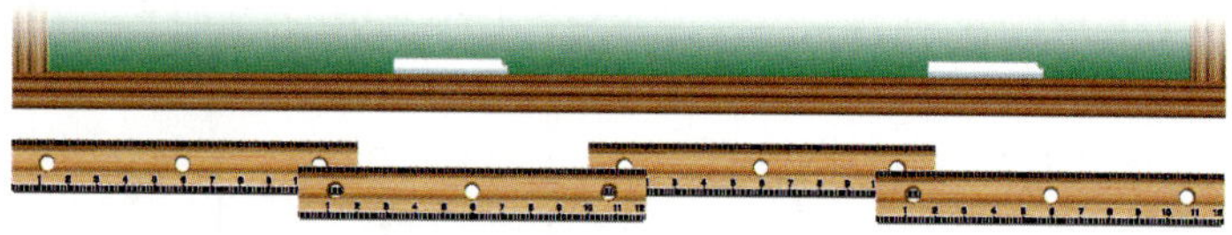

Pilar midió 3 pies.

Pilar: *No comencé midiendo al principio de la bandeja ni medí hasta el final.*

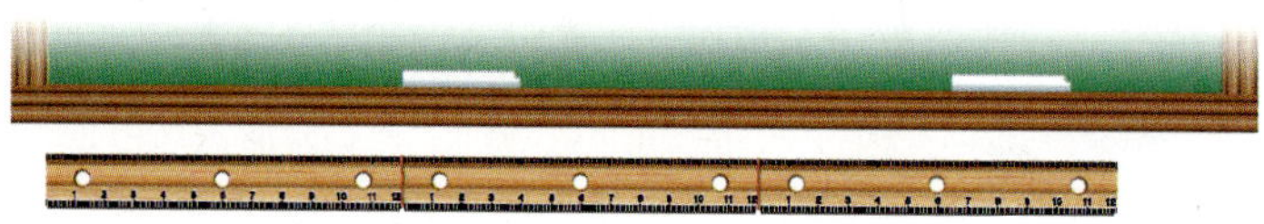

Oscar midió 4 pies.

Oscar: *No mantuve la reglas derechas.*

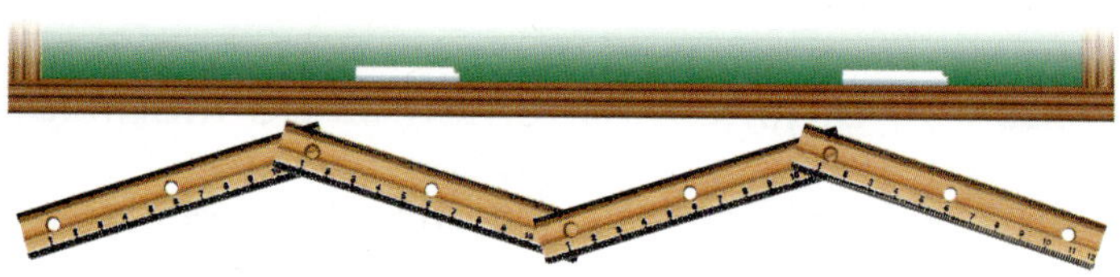

Nancy midió $3\frac{1}{2}$ pies.

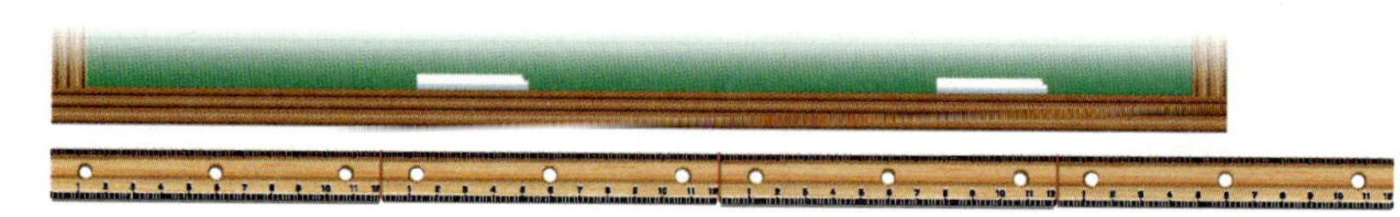

Nancy: *Alineé la regla a la izquierda de la bandeja. Mis reglas fueron alineadas exactamente, sin montarse ni con espacios entre ellas.*

¿Midió Nancy la longitud de la bandeja en forma precisa? ¿Cómo lo sabes?

Medir en pies y en pulgadas

En la Unidad 2, *Encuestas y gráficas de puntos,* reunirás datos para contestar esta pregunta:

¿Qué distancia puede saltar un estudiante de tercer grado?

Estos cuatro estudiantes saltaron con ambos pies. Midieron sus saltos poniendo reglas de un extremo a otro.

El salto de Nancy fue de 4 reglas.

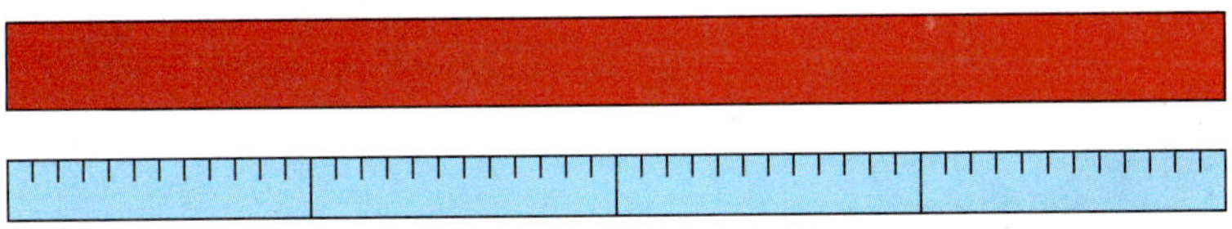

Ella saltó 4 pies o 12 + 12 + 12 + 12 = **48 pulgadas.**

El salto de Chiang fue de 3 reglas y 2 pulgadas más.

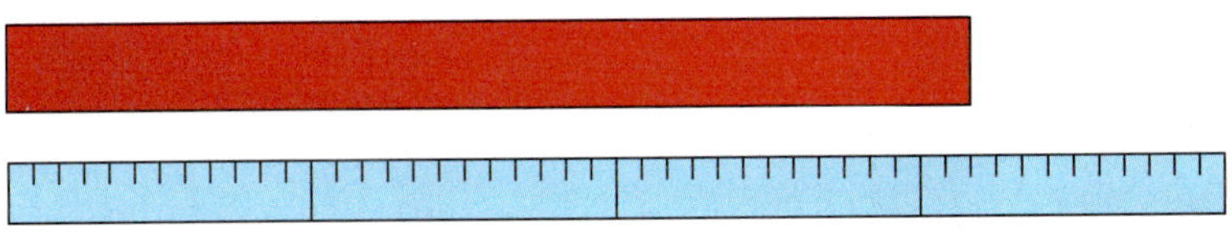

Ella saltó 3 pies y 2 pulgadas o 12 + 12 + 12 + 2 = **38 pulgadas.**

El salto de Denzel fue de 1 regla de 1 yarda y 11 pulgadas.

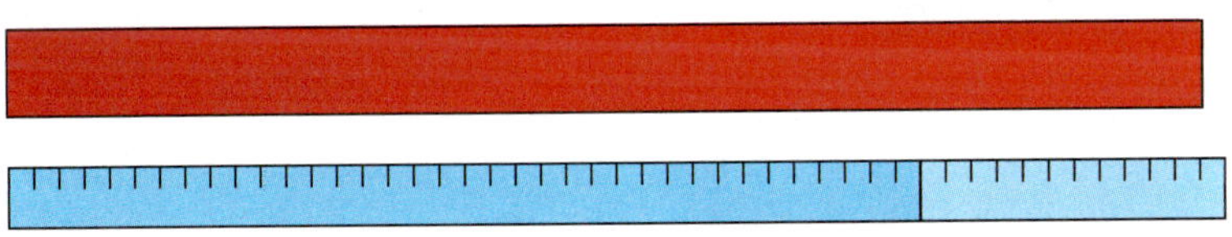

Él saltó 3 pies y 11 pulgadas o 36 + 11 = **47 pulgadas.**

El salto de Nicholas fue de 4 reglas y media.

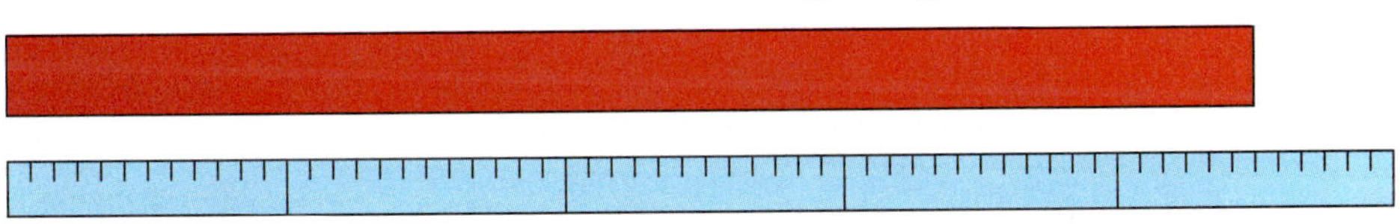

¿Qué distancia saltó Nicholas en pies y pulgadas? ¿Y en pulgadas?

Perímetro (página 1 de 2)

Palabras de matemáticas
- **perímetro**

El perímetro es la longitud del borde de una figura.
El perímetro es una medida lineal.

Una hormiga camina alrededor del perímetro de esta foto comenzando en una esquina, caminando por todo el borde, y terminando en la misma esquina donde había comenzado.

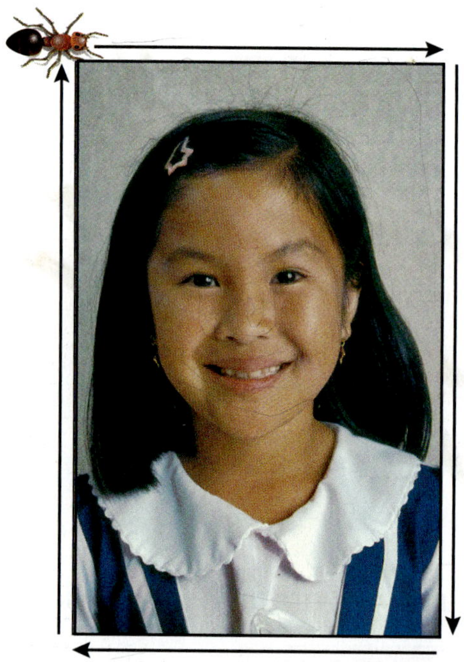

¿Cuánto caminó la hormiga?

¿Cuál es el perímetro de esta foto?

Perímetro (página 2 de 2)

Kenji:

Medí los lados de la foto usando pulgadas.

$2 + 3 + 2 + 3 = 10$

El perímetro de la foto es de ***10 pulgadas.***

Nancy:

Medí los lados de la foto usando centímetros.

La parte de arriba mide unos 5 centímetros.

La parte de abajo medirá lo mismo que la de arriba.

El lado izquierdo mide unos $7\frac{1}{2}$ centímetros.

El lado derecho medirá lo mismo que el izquierdo.

$7\frac{1}{2} + 5 = 12\frac{1}{2}$

$12\frac{1}{2} + 12\frac{1}{2} = 25$

El perímetro de la foto es de unos ***25 centímetros.***

¿Por qué es diferente la respuesta en pulgadas a la respuesta en centímetros?

Resolver problemas de perímetro (página 1 de 2)

Completa las mediciones que faltan y halla el perímetro.

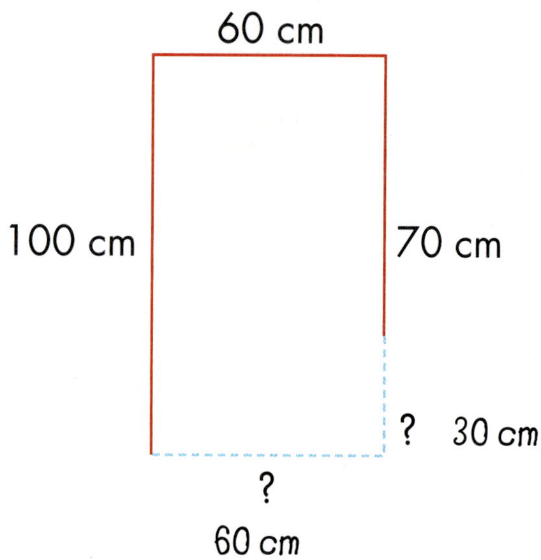

Solución de Gil

El lado izquierdo tiene 100 cm. Sólo parte del lado derecho está medido. Esto significa que la parte que falta es $100 - 70 = 30$ cm.

La medida de la parte de abajo es la misma que la de la parte de arriba.

El perímetro es de $100 + 60 + 70 + 30 + 60 =$ **320 cm.**

Averigua las dimensiones de un rectángulo con un perímetro de 200 metros.

Solución de Deondra

Si el perímetro es de 200 metros, entonces la mitad del perímetro es 100 metros. La parte de arriba y uno de los lados del rectángulo deben ser iguales a 100 metros. Por ejemplo, $80 + 20$.

$80 + 20 + 80 + 20 = 200$ metros

Resolver problemas de perímetro (página 2 de 2)

¿Cuál es el perímetro de la mesa?

Usa el programa *LogoPaths* para resolver problemas de perímetro.

Solución de Inés

Como la mesa es redonda, rodeé el borde de la mesa con un cordel y luego medí la longitud del cordel.

El perímetro de la mesa es de **5 yardas.**

Área

Palabras de matemáticas
- **área**

El área es la medida de una superficie. Por ejemplo, la cantidad de espacio plano que cubre una figura. El área es una medida de espacio bidimensional. El área se mide con frecuencia en unidades cuadradas, como centímetros cuadrados o pies cuadrados.

Gina y su mamá piensan hacer una colcha de retazos. Éste es un esbozo del diseño de su colcha.

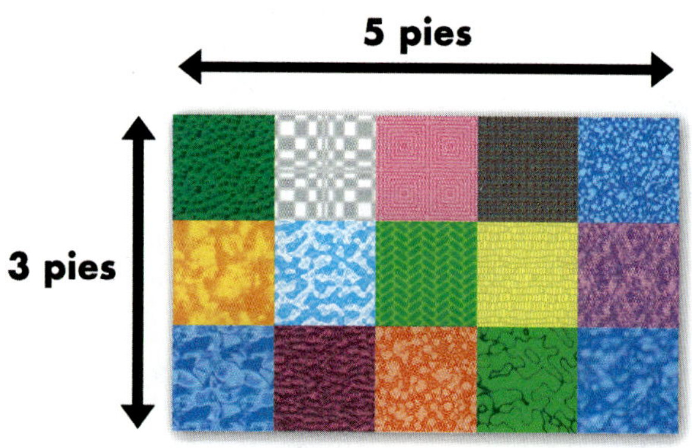

La colcha está hecha con cuadrados.

¿Cuál es el área de la colcha?
¿Cuántos cuadrados necesitan?

Solución de Jung

El área de la colcha es de 15 pies cuadrados.
Necesitan ***15 cuadrados.***

El área de este rectángulo de 12 por 10 es de 120 unidades cuadradas.

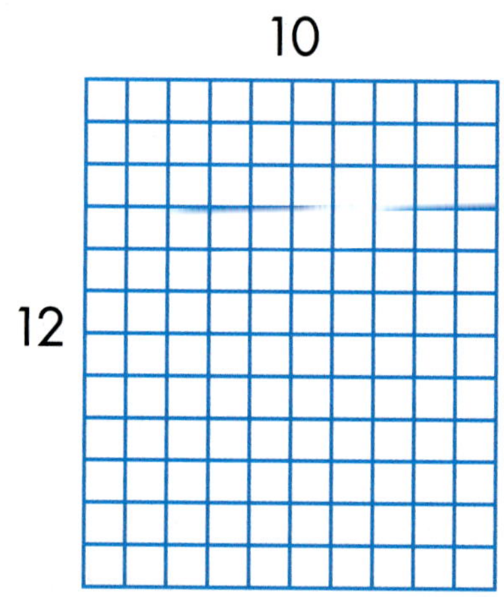

Medir el área usando unidades cuadradas

Philip dibujó algunas figuras en papel punteado.

Contó las unidades cuadradas dentro de cada figura usando cuadrados y triángulos.

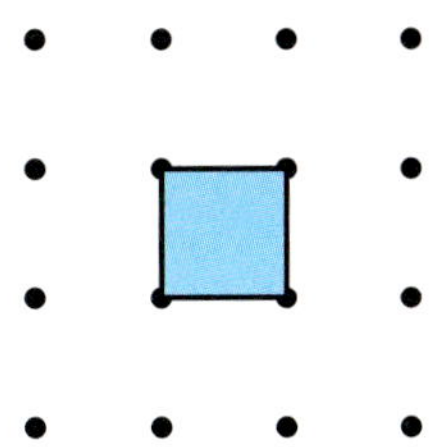	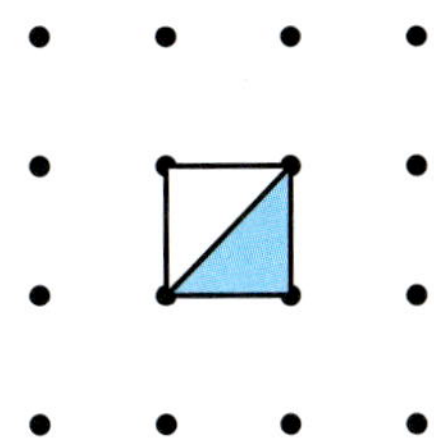	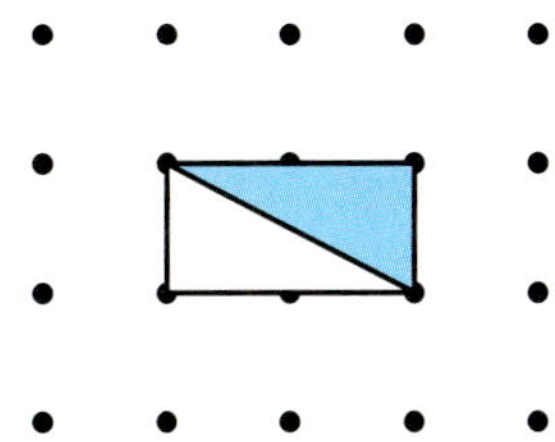
1 unidad cuadrada está sombreada.	$\frac{1}{2}$ unidad cuadrada está sombreada. 1 unidad cuadrada está dividida en 2 triángulos que son del mismo tamaño. Cada triángulo tiene $\frac{1}{2}$ unidad cuadrada.	1 unidad cuadrada está sombreada. 2 unidades cuadradas están divididas en 2 triángulos que son del mismo tamaño. Cada triángulo tiene 1 unidad cuadrada.

Philip: *El área de todas estas figuras es la misma. Cada una mide 8 unidades cuadradas.*

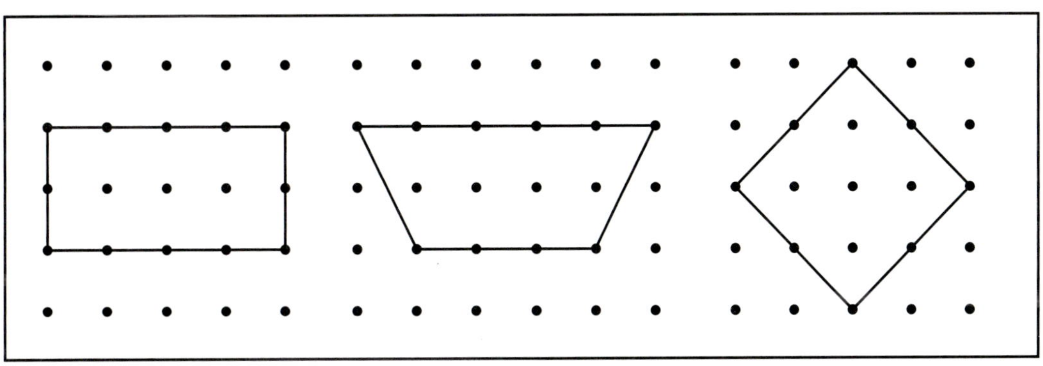

¿Estás de acuerdo con las afirmaciones de Philip? ¿Mide cada una de estas figuras 8 unidades cuadradas?

Dominoes, triominoes y tetróminos

Éstas son algunas figuras hechas de unidades cuadradas.

Un dominó está formado por 2 cuadrados colocados lado a lado.

Hay un solo dominó.

El área de un dominó es de 2 unidades cuadradas.

Un triominó está formado por 3 cuadrados colocados juntos lado a lado.

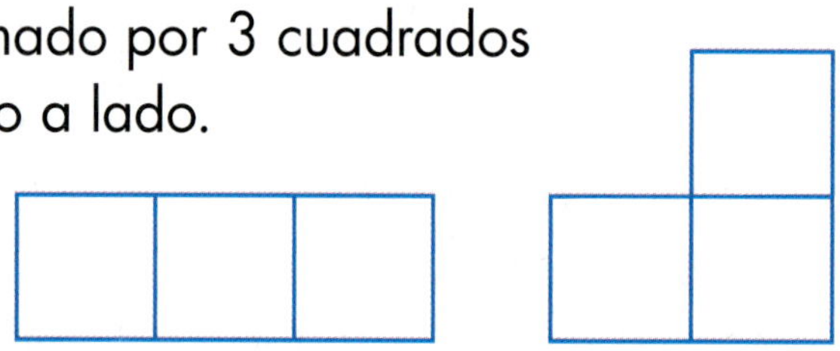

Hay sólo dos triominoes.

El area de un triominó es de 3 unidades cuadradas.

Un tetrómino está formado por 4 cuadrados colocados juntos lado a lado.

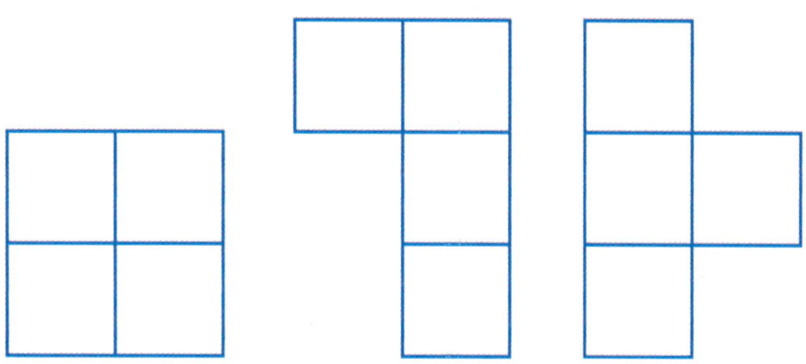

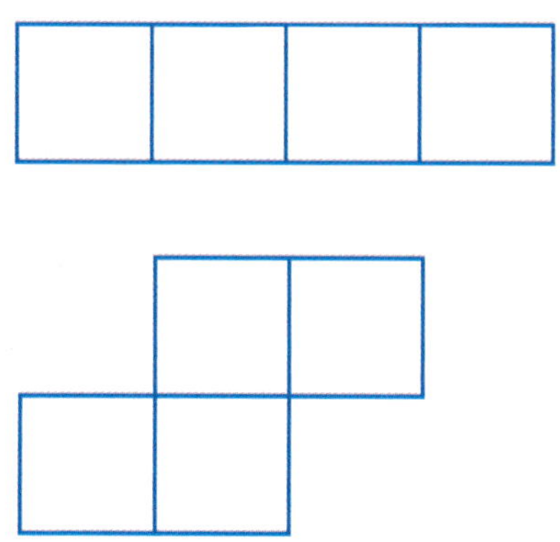

Hay sólo cinco tetróminos.

El área de un tetrómino es de 4 unidades cuadradas.

Deslizar, girar e invertir

Mira cómo se mueve esta figura al deslizarla, girarla e invertirla.

Deslizar:

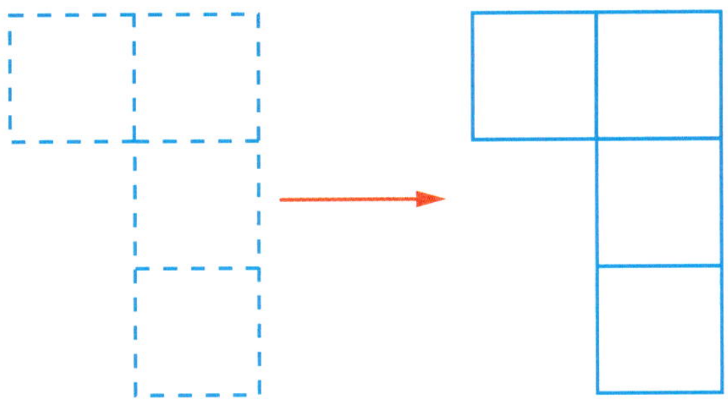

Girar:

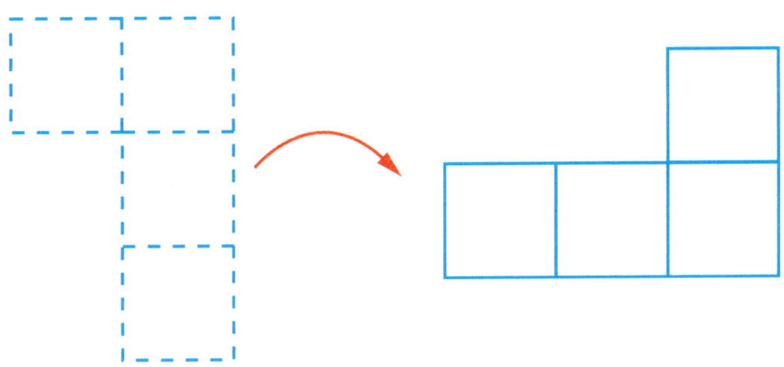

Invertir:

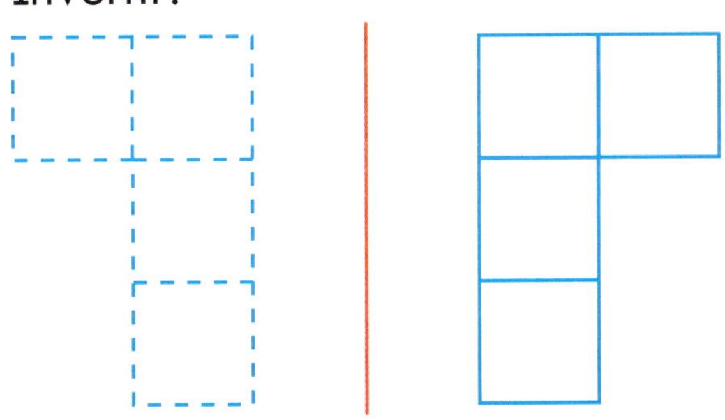

Las seis figuras de esta página son todas congruentes. Tienen exactamente el mismo tamaño y la misma forma.

Lee más sobre figuras congruentes en la página 124.

Cuando puedes mover una figura deslizándola, girándola o invirtiéndola y cabe exactamente arriba de otra figura, entonces las figuras son congruentes.

Polígonos

Los polígonos son figuras cerradas bidimensionales que tienen lados rectos.

Palabras de matemáticas
- **bidimensional**
- **polígono**

Estas figuras son polígonos.

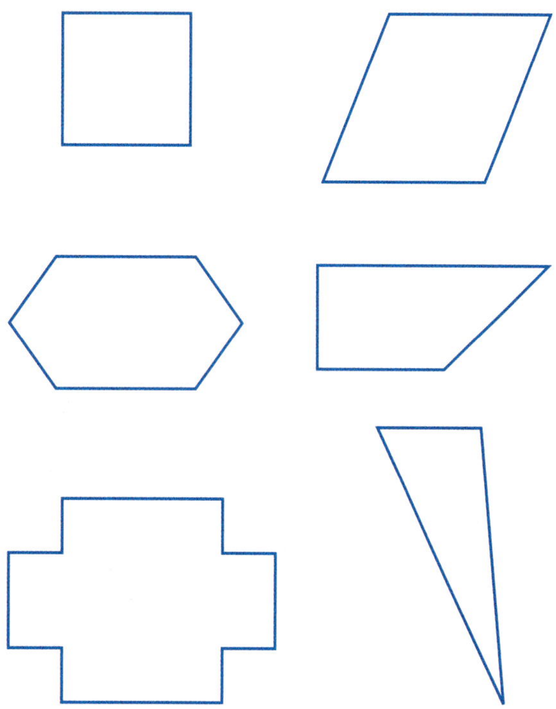

Estas figuras no son polígonos.

¿Cuáles de estas figuras son polígonos?

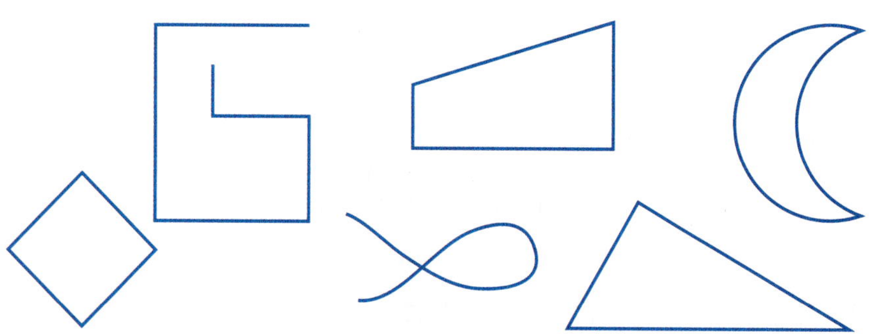

Nombrar polígonos

Los polígonos se nombran por el número de lados que tienen.

Triángulo 3 lados 	**Cuadrilátero** 4 lados 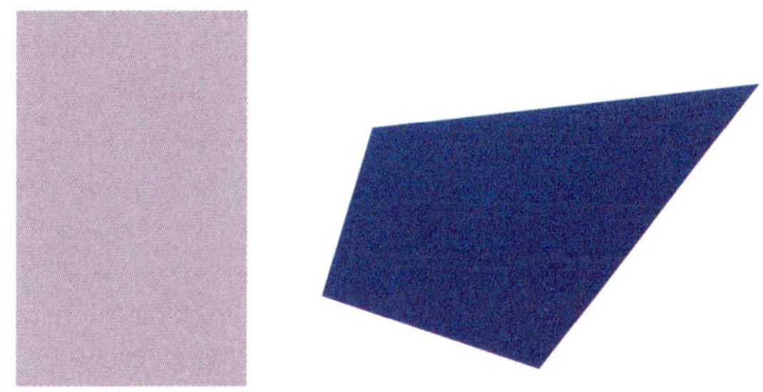
Pentágono 5 lados 	**Hexágono** 6 lados 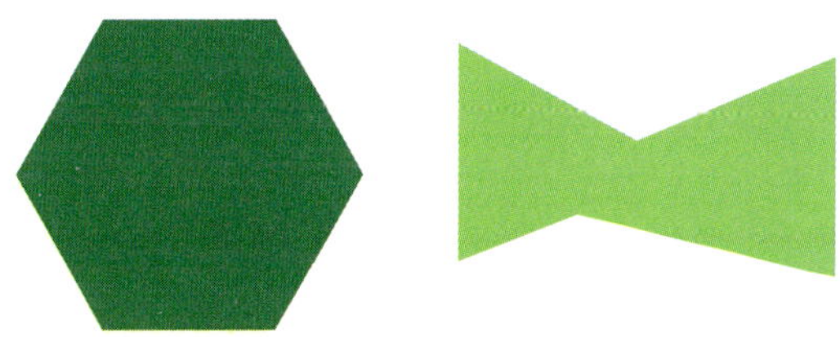
Heptágono 7 lados 	**Octágono** 8 lados 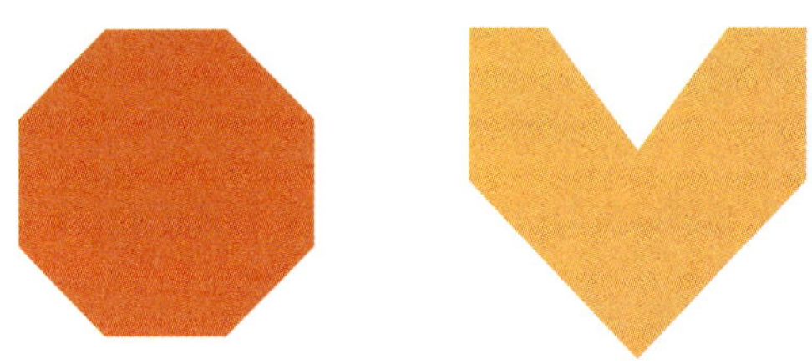

Un polígono con 12 lados se llama dodecágono. ¿Puedes dibujar un dodecágono?

Triángulos

Palabras de matemáticas
- **triángulo**
- **lado**
- **vértice**
- **ángulo**

Un triángulo es un polígono que...

... tiene 3 lados.

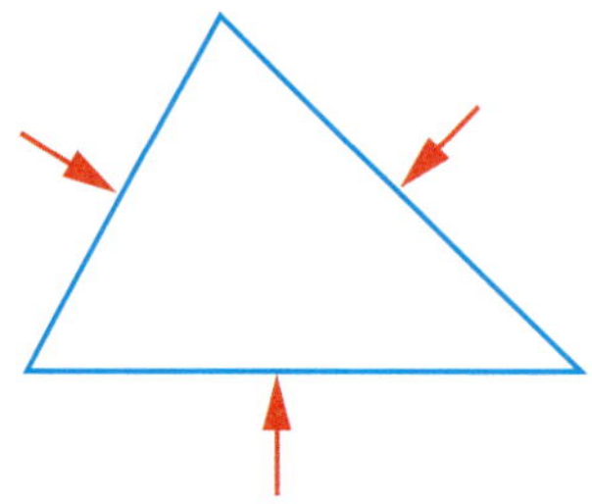

... tiene 3 vértices.

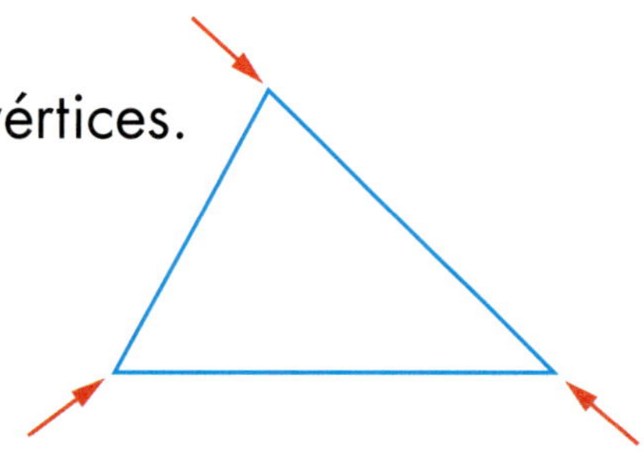

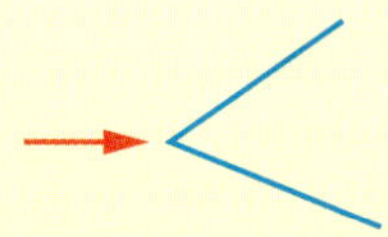

Un vértice es el lugar donde se encuentran dos lados.

... tiene 3 ángulos.

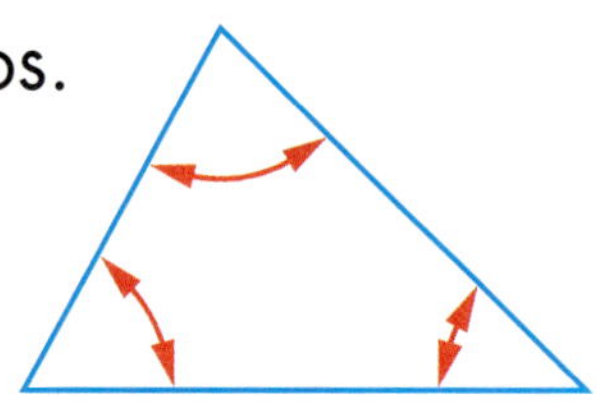

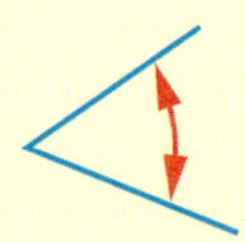

Un ángulo es la medida del giro entre dos lados.

Todas estas figuras son triángulos.

Cuadriláteros

Un cuadrilátero es un polígono que:

tiene cuatro lados.	tiene cuatro vértices.	tiene cuatro ángulos.
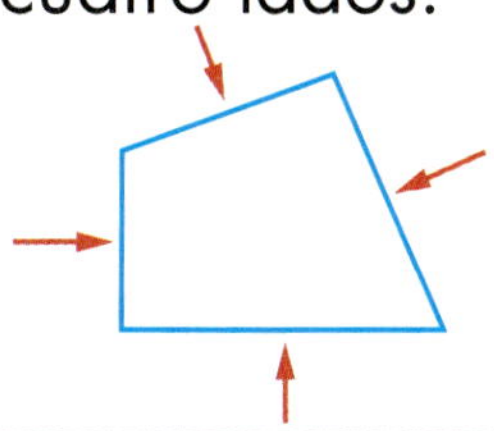	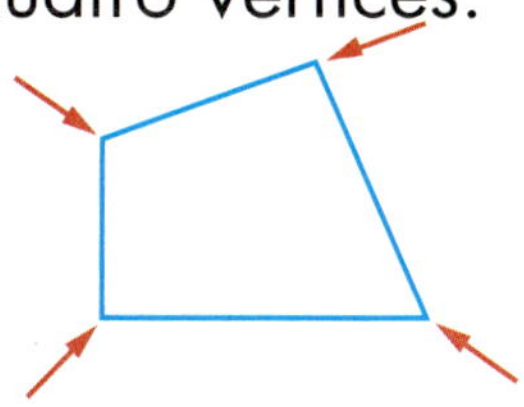	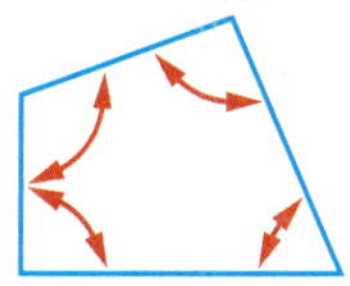

Palabras de matemáticas

- **cuadrilátero**
- **paralelogramo**
- **rectángulo**
- **rombo**
- **cuadrado**
- **trapecio**

Todas estas figuras son cuadriláteros. Algunos cuadriláteros tienen además otros nombres especiales.

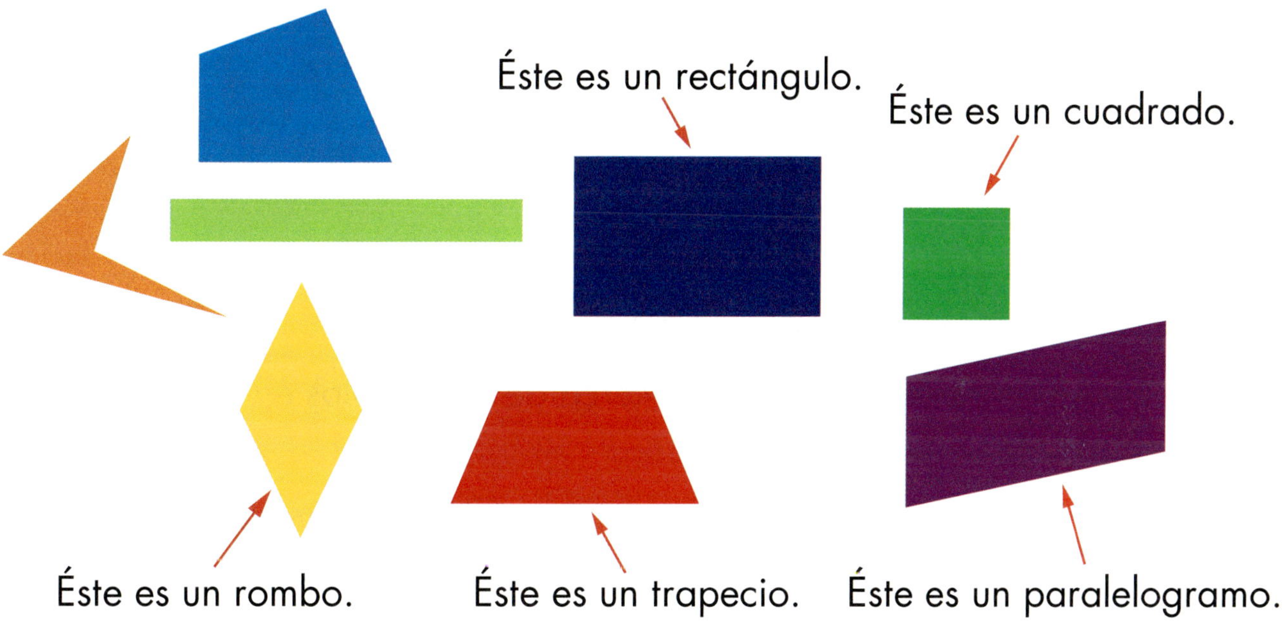

¿Cuáles de estas figuras son cuadriláteros? ¿Por qué te parece?

Ángulos (página 1 de 2)

Palabras de matemáticas
- **grado**
- **ángulo recto**

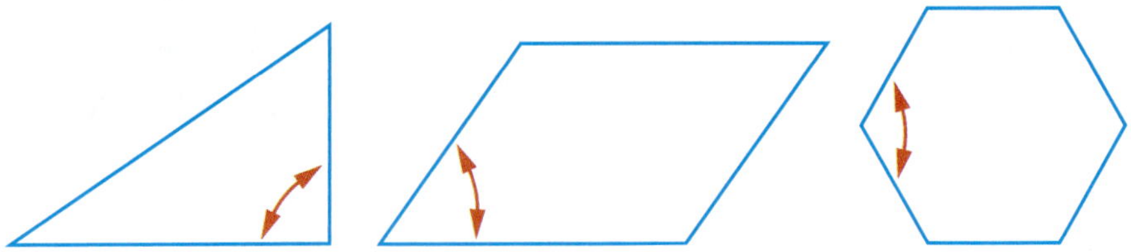

La medida de un ángulo en un polígono es la dimensión del giro entre dos lados.

Los ángulos se miden en grados.

Cuando un ángulo forma una esquina cuadrada, como la esquina de una hoja de papel, se llama ángulo recto. Un ángulo recto mide 90 grados.

La palabra grado tiene otro significado, como unidad para medir la temperatura.

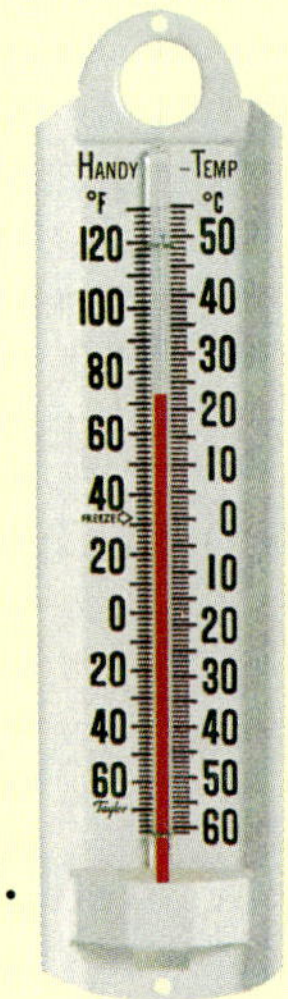

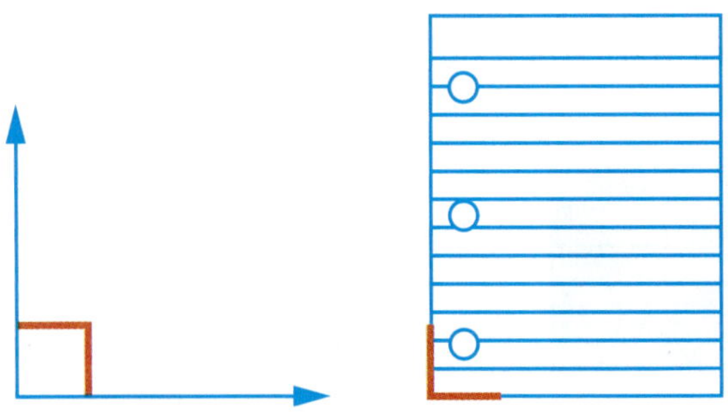

Estos estudiantes están hablando acerca de los ángulos en los polígonos que dibujaron.

Dwayne: *Todos estos triángulos tienen ángulos de 90 grados.*

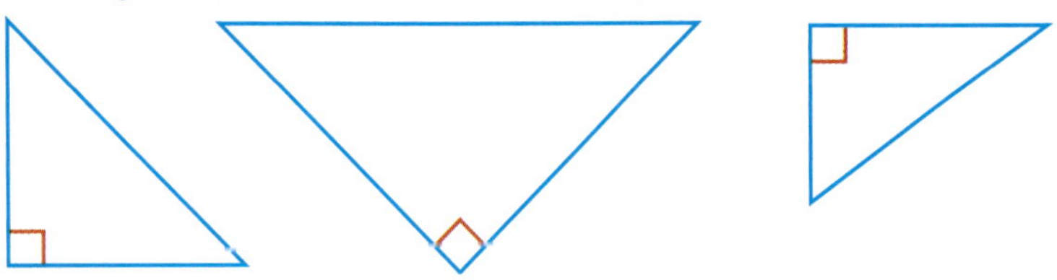

Jung: *Todos los ángulos en todos estos rectángulos tienen 90 grados.*

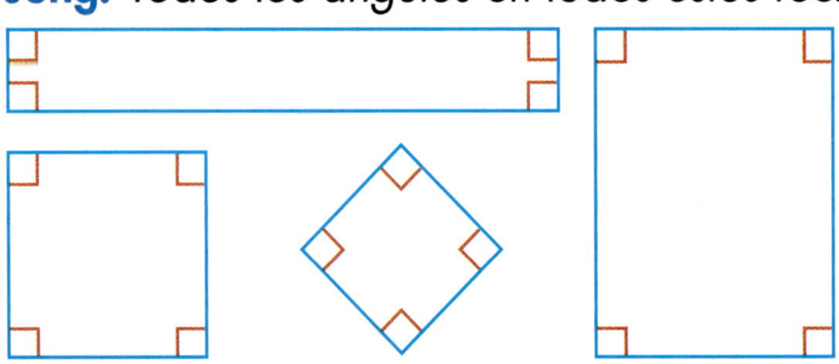

Ángulos (página 2 de 2)

Usa el programa *LogoPaths* para resolver problemas de ángulos.

Kelley: *Dibujé esta figura que se parece al bloque de patrón del trapecio rojo. Ninguno de sus ángulos es un ángulo recto.*

Este ángulo tiene más de 90 grados.
Es más grande que la esquina del papel.

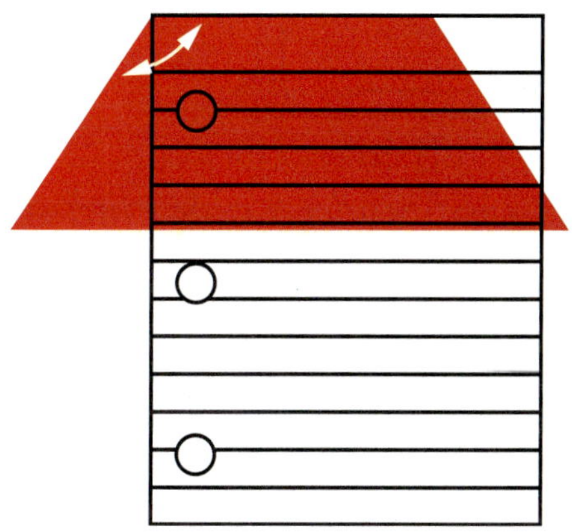

Este ángulo tiene menos de 90 grados.
Es más chico que la esquina del papel.

Mira estas figuras. ¿Dónde ves ángulos rectos?
¿Dónde ves ángulos más chicos que un ángulo recto?
¿Dónde ves ángulos más grandes que un ángulo recto?

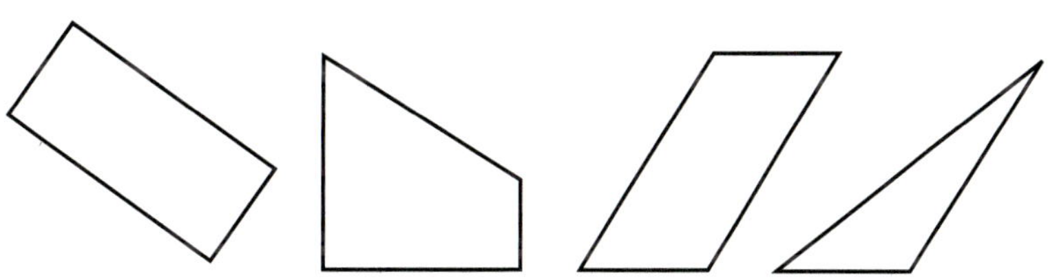

Figuras congruentes

Palabras de matemáticas
- **congruente**

Dos figuras son congruentes si tienen exactamente el mismo tamaño y la misma forma.

Estos estudiantes están comparando las figuras que formaron con pajillas.

Triángulo de Edwin

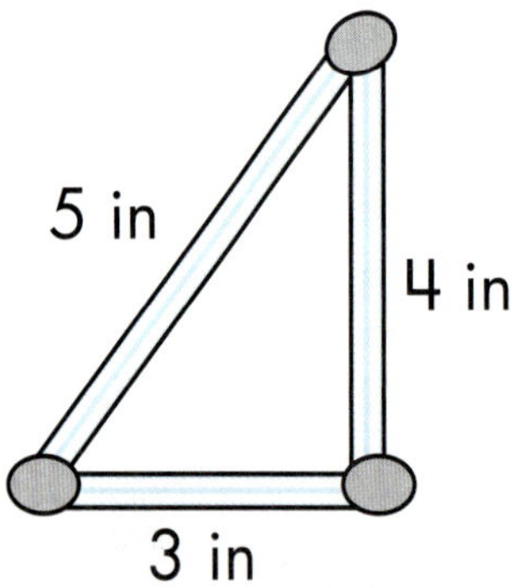

Triángulo de Kim

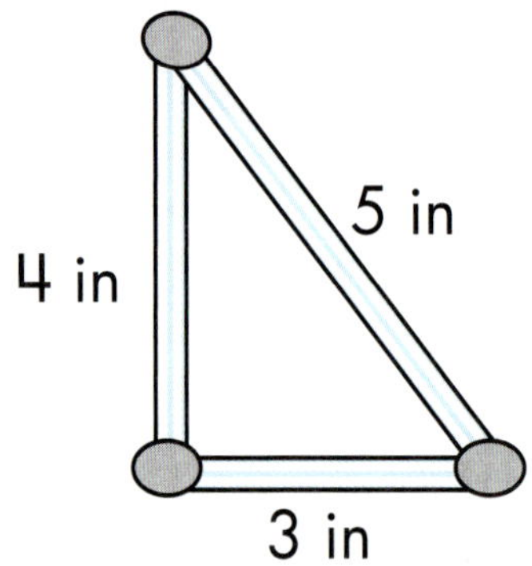

Kim: *Si inviertes tu triángulo, coincidirá exactamente con el mío. Nuestros triángulos son congruentes.*

Rectángulo de Edwin

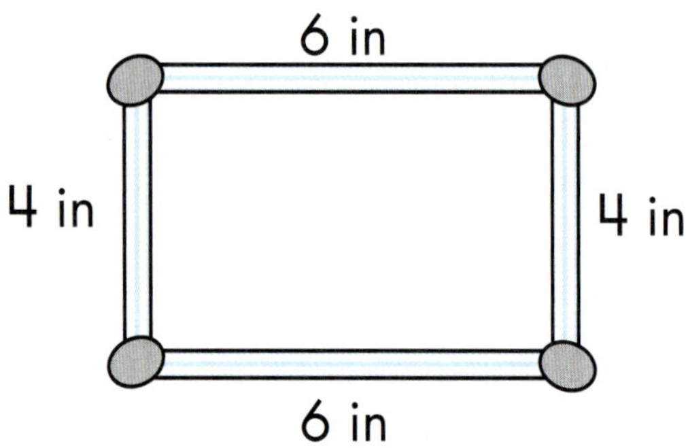

Rectángulo de Kim

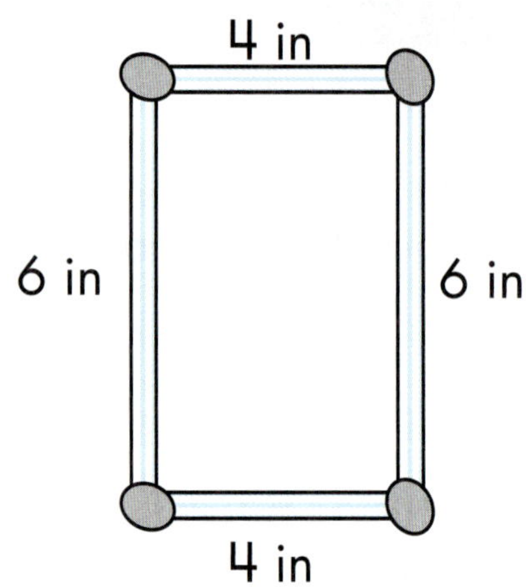

Edwin: *Tu rectángulo se parece a mi rectángulo girado sobre un lado. Nuestros rectángulos son congruentes.*

El paralelogramo de Murphy

Dibuja un paralelogramo congruente con el que hizo Murphy.

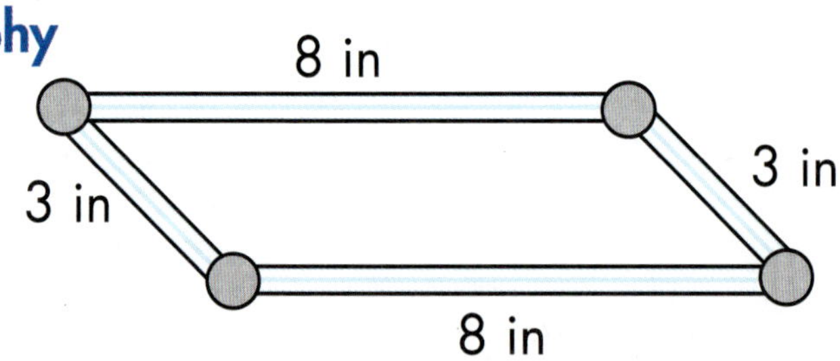

Sólidos geométricos

(página 1 de 2)

Palabras de matemáticas
- **tridimensional**

Un sólido geométrico es una figura que tiene tres dimensiones: longitud, ancho y altura. Decimos que es tridimensional (3D).

Éstos son dibujos y bosquejos del juego de sólidos geométricos que estás usando en la escuela.

cubo	prisma cuadrangular	prisma octagonal
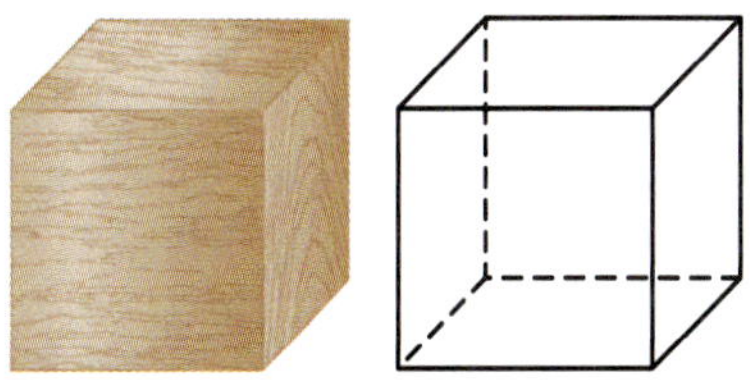	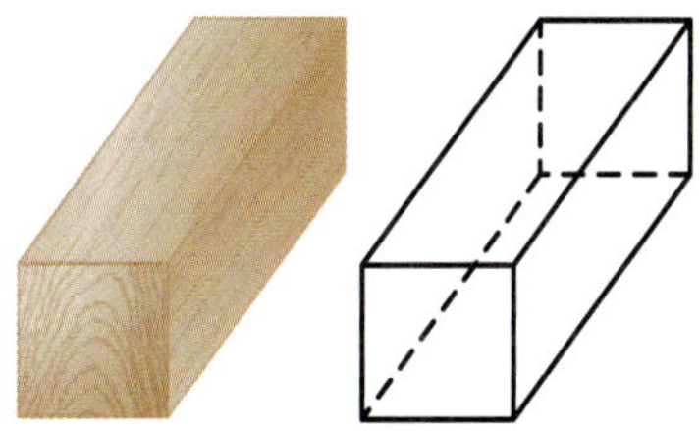	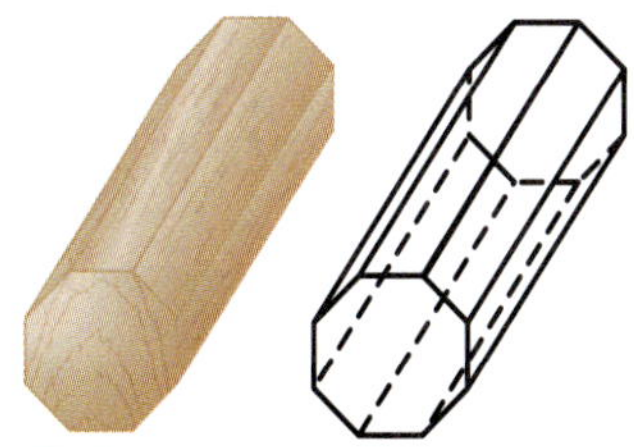
cilindro	**hemisferio**	**cono**
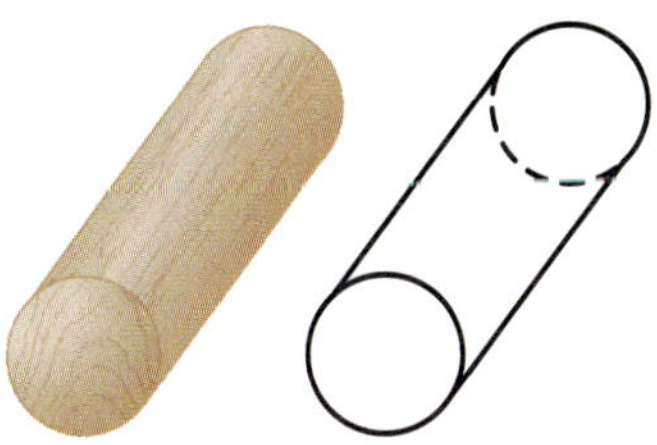	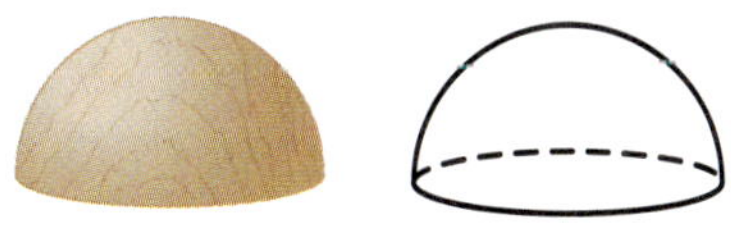	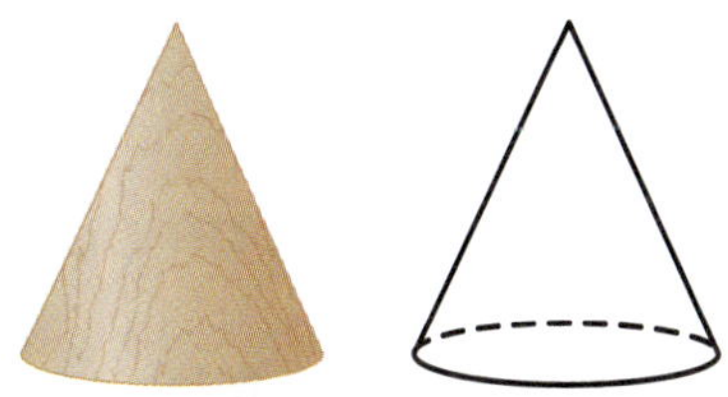
prisma hexagonal	**pirámide cuadrangular**	**prisma triangular**
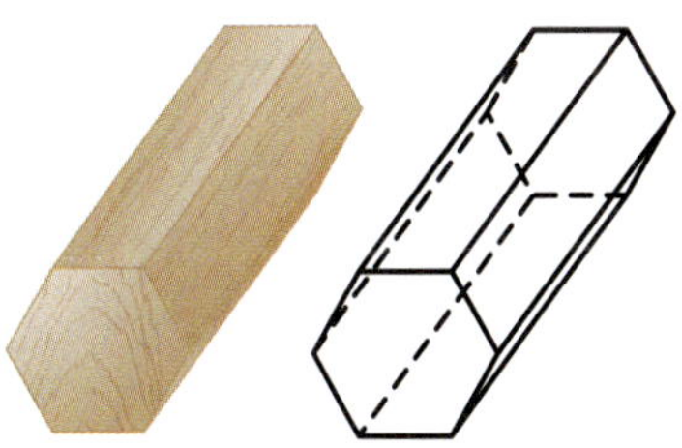	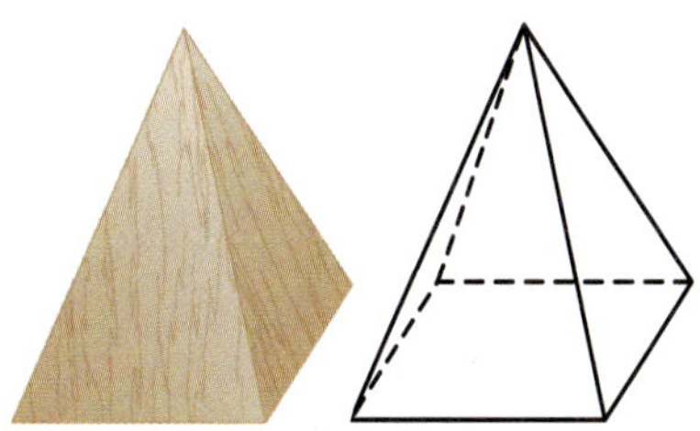	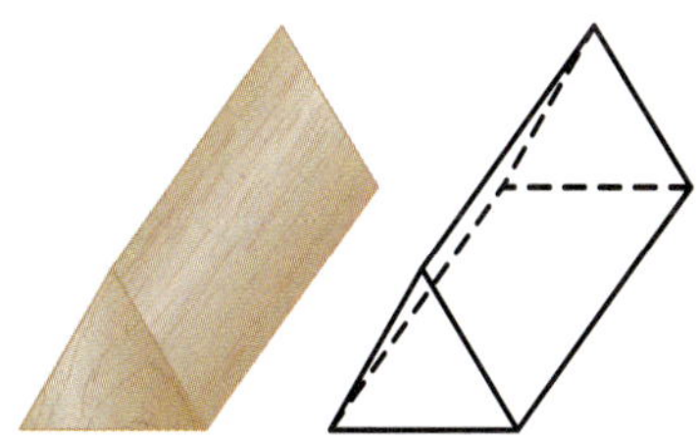
esfera	**cilindro**	**prisma rectangular**
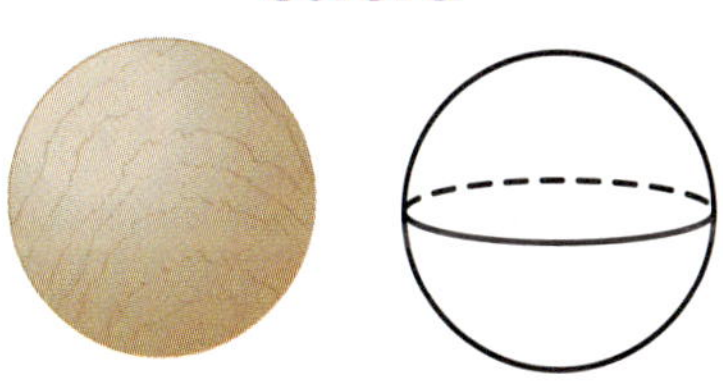	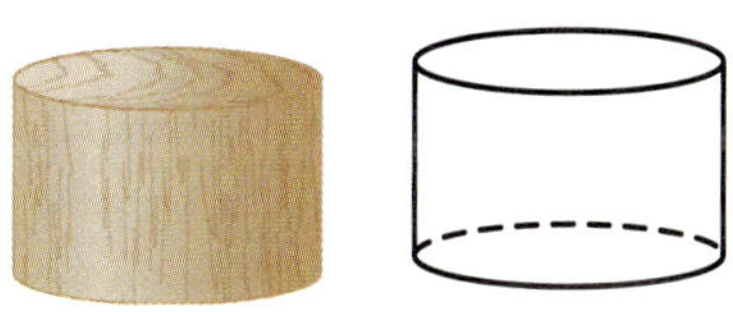	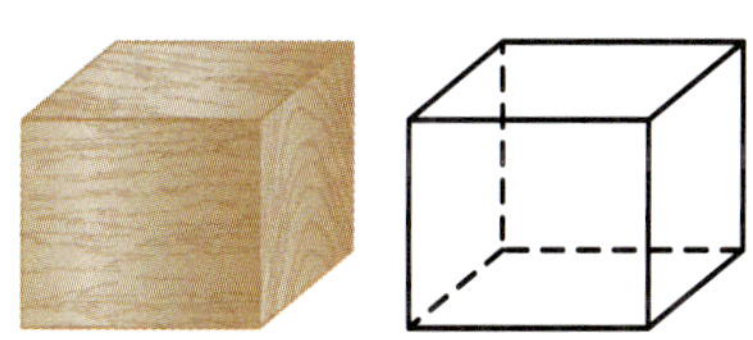

¿Qué objetos de la vida diaria tienen la misma forma que estos sólidos geométricos?

Sólidos geométricos (página 2 de 2)

Pilar vio que estos objetos de su cocina se parecían a los sólidos que han estado estudiando en la escuela.

Pilar: *Esta tostadora tiene la misma forma que un prisma rectangular.*

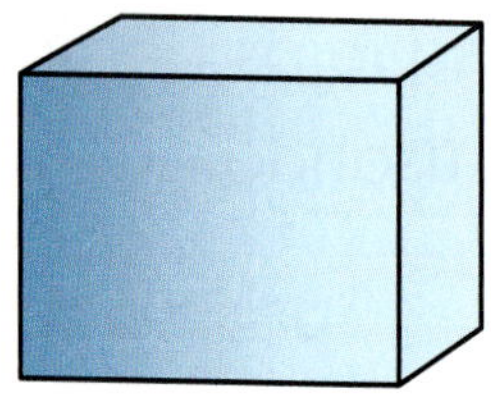

Esta lata de sopa tiene la misma forma que un cilindro.

El wok de papá tiene la misma forma que un hemisferio.

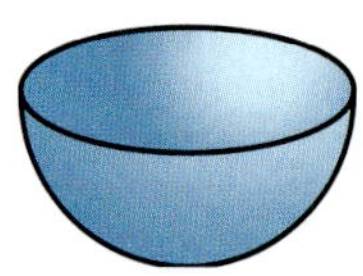

El barquillo de mi helado es un cono, y el helado de arriba se parece a una esfera.

Describir sólidos geométricos (página 1 de 2)

Palabras de matemáticas

- **arista**
- **cara**
- **vértice**

Una manera de describir un sólido geométrico es identificar el número de caras, aristas y vértices que tiene.

¿Cuántas caras tiene este cubo numérico?

Una cara es la figura bidimensional que forma un lado de un sólido tridimensional.

Cuando tiras un cubo numérico, pueden salir seis números diferentes, así que tiene seis caras.

Oscar hizo un cubo usando pajillas y plastilina.

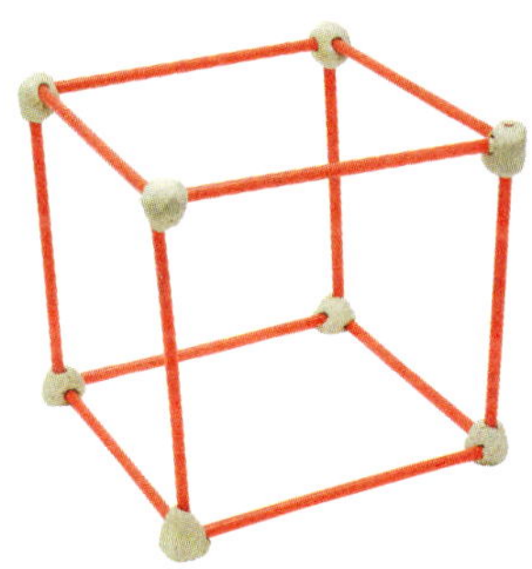

¿Cuántas aristas tiene?

Cada pajilla es un lado del cubo. Hay 4 pajillas arriba, 4 abajo, y 4 que suben y bajan. Hay 12 aristas.

Una arista es el segmento de recta donde se encuentran dos caras.

¿Cuántos vértices tiene?

Cada pieza de plastilina está en un vértice. Hay 4 piezas de plastilina arriba y 4 abajo. Hay 8 vértices.

Un vértice es el punto en la esquina donde se encuentran las aristas.

Describir sólidos geométricos (página 2 de 2)

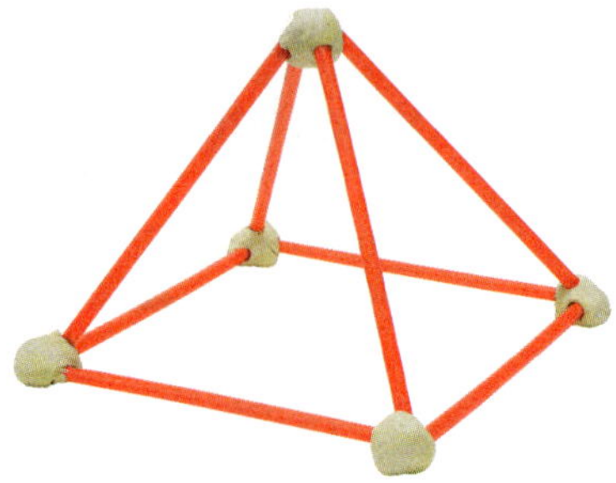

La pirámide cuadrangular tiene 5 caras. Hay 1 cuadrado abajo, y hay 4 triángulos en los lados.

Tiene 5 vértices. Hay 4 alrededor de la parte de abajo y 1 en la parte de arriba.

Tiene 8 aristas. Se necesitaron 4 pajillas para formar el cuadrado de abajo. Hay 4 pajillas más que conectan con la parte de arriba.

No pudimos formar el cilindro con pajillas y plastilina porque las aristas son redondas, no rectas, y no tiene esquinas.

El cilindro tiene 3 superficies. Hay un círculo arriba y un círculo abajo. La parte del medio es curva. Si la abres es un rectángulo, como la etiqueta de la lata de sopa.

Imagina que construyes este prisma con pajillas y plastilina. ¿Cuántas caras tiene? ¿A qué se parecen las caras? ¿Cuántas aristas tiene? ¿Cuántos vértices tiene?

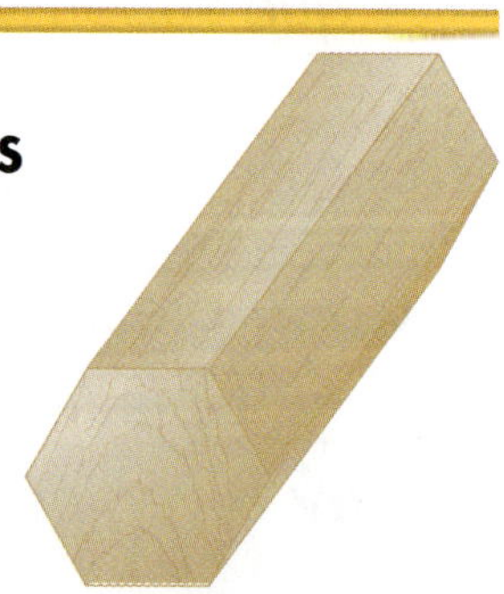

Clasificar sólidos geométricos
(página 1 de 2)

Palabras de matemáticas
- **poliedro**

Kenji y Bridget están clasificando su juego de sólidos geométricos. Hallaron dos categorías.

Sólidos con algunas superficies curvas

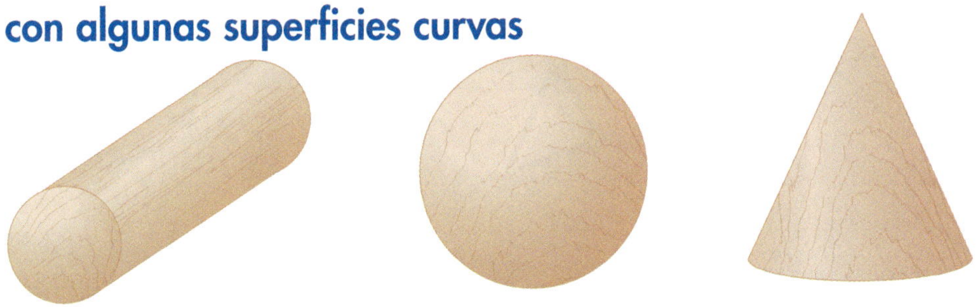

Kenji: *Cada uno de estos sólidos puede rodar por la mesa.*

Bridget: *El cono tiene un círculo plano abajo, pero el resto es curvo.*

Sólidos con todas las superficies planas

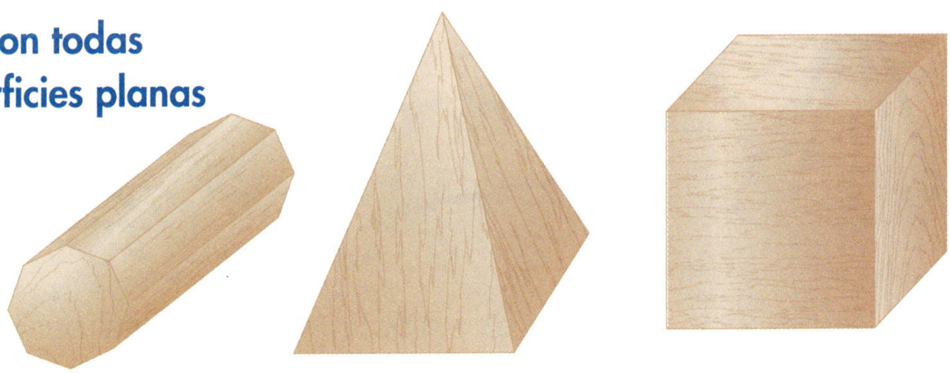

Kenji: *Cada cara es un polígono.*

Bridget: *Ninguna de estas caras es curva.*

Un poliedro es un sólido geométrico que tiene todas las caras planas.

Clasificar sólidos geométricos

(página 2 de 2)

Keith y Kelley hallaron una manera diferente de clasificar los sólidos geométricos que construyeron con pajillas y plastilina.

Prismas

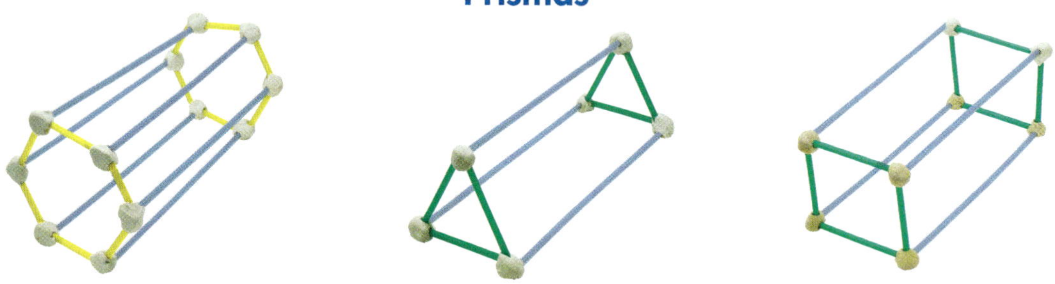

Keith: *Las partes de arriba y abajo de cada prisma coinciden: hexágono y hexágono, triángulo y triángulo, cuadrado y cuadrado.*

Kelley: *Las caras a los lados de estos prismas son todas rectángulos.*

Pirámides

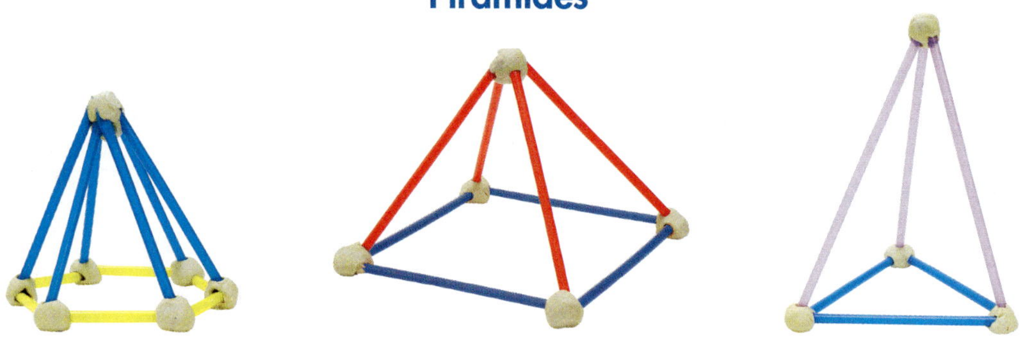

Keith: *La base de cada pirámide es un polígono. Hay una punta arriba de cada pirámide.*

Kelley: *Las caras a los lados de las pirámides son todas triángulos.*

Algunos prismas tienen a los lados paralelogramos que no son rectángulos. ¿Puedes imaginar cómo es uno de éstos?

Modelos planos

Palabras de matemáticas
- **modelo plano**

Un modelo plano es un patrón bidimensional que puede doblarse para formar una figura tridimensional.

Adam diseñó un modelo plano para cubrir una pirámide cuadrangular.

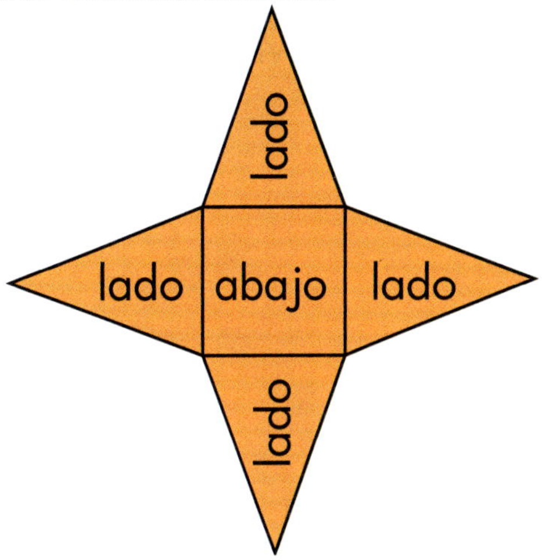

Adam: *Mi modelo plano tiene 5 polígonos porque la pirámide cuadrangular tiene 5 caras.*

Inés y Gil diseñaron modelos planos para cubrir un cubo.

Diseño de Inés:

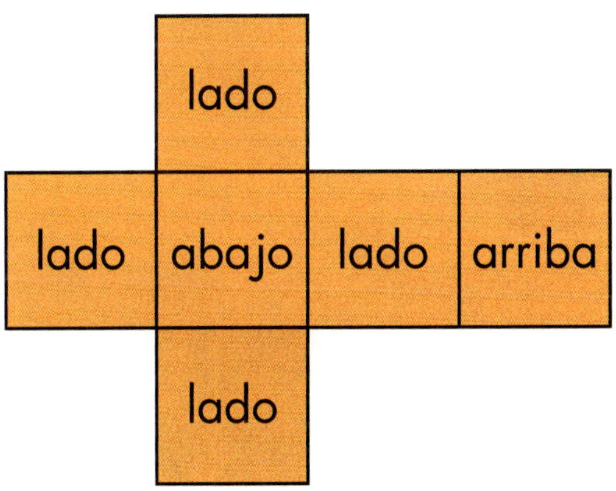

Diseño de Gil:

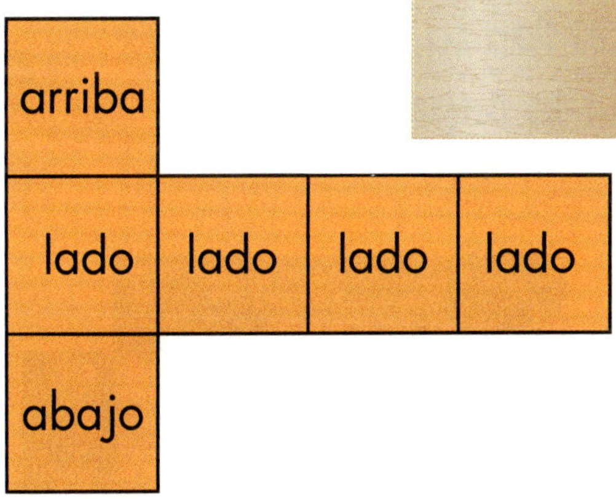

Inés y Gil: *Como el cubo tiene 6 caras cuadradas, cada uno de los modelos planos tiene 6 cuadrados.*

Éste es un patrón doblado para construir una caja abierta en la que cabrá un cubo. Diseña un patrón con 5 cuadrados que forme esta caja abierta.

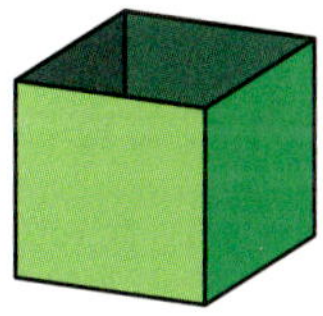

¿Cuántos cubos caben en una caja? (página 1 de 2)

Palabras de matemáticas
- **volumen**

Beatriz y Denzel resolvieron este problema.

Éste es un patrón para hacer una caja abierta. ¿Cuántos cubos cabrán exactamente en esta caja?

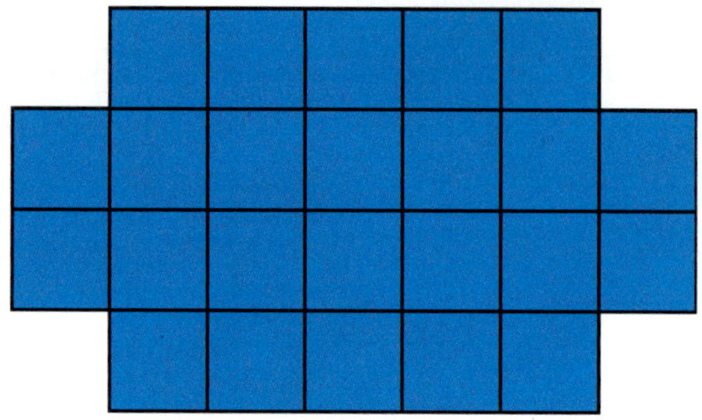

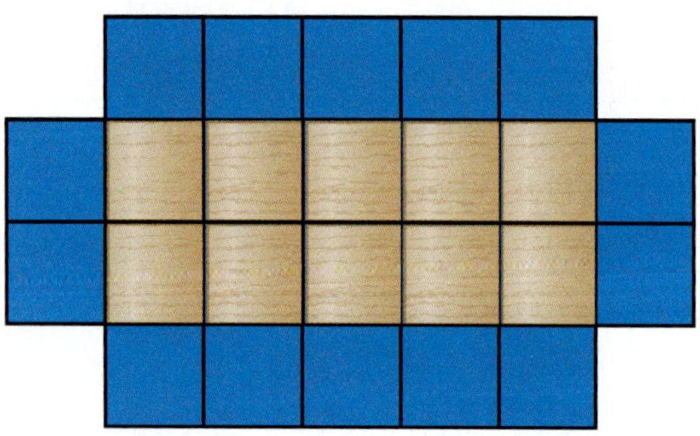

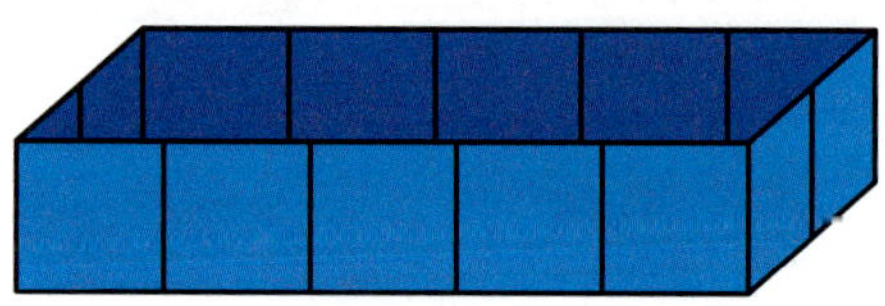

El volumen es la cantidad de espacio que ocupa un objeto tridimensional. El volumen de una caja podría ser el número de cubos que la llenarían por completo.

¿Cuántos cubos caben en una caja? (página 2 de 2)

Nicholas resolvió este problema.

Éste es el fondo de una caja abierta en la que cabrán exactamente 30 cubos. Dibuja los lados para completar el patrón de la caja.

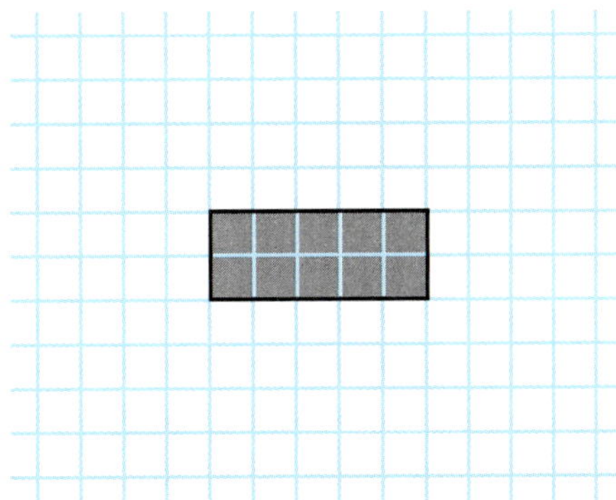

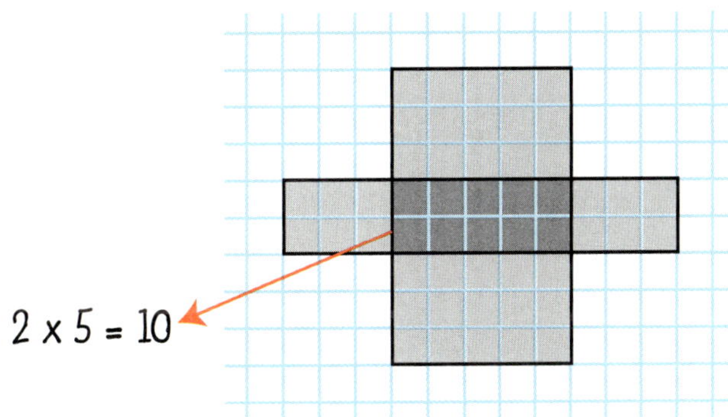

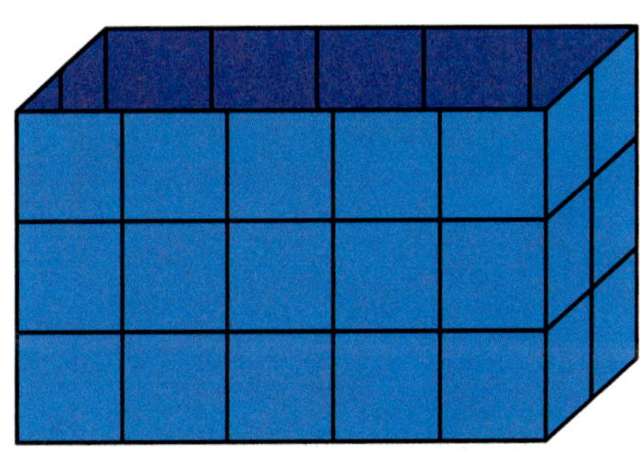

Diseña una caja diferente que también tenga una capacidad para 30 cubos.

Tabla de juegos

	Para la unidad	Página
Capturar de 300 a 600	8	**J1**
Capturar 5	1	**J3**
Capturar en la tabla de 300	3	**J4**
Cerca de 100	1	**J5**
Reunir $2.00	1	**J6**
Comparar colecciones	8	**J7**
Emparejar colecciones	3	**J8**
Contar y comparar	5	**J9**
Pares de factores	5	**J10**
Galleta fraccionaria	7	**J11**
¡Ve a coleccionar!	3	**J13**
¿A cuánto de 100?	3	**J15**
Formar un dólar	1	**J16**
Factores que faltan	5	**J17**
Practicar con tarjetas de multiplicación	5	**J19**
¿Cuál es mi figura?	9	**J21**

Capturar de 300 a 600

(página 1 de 2)

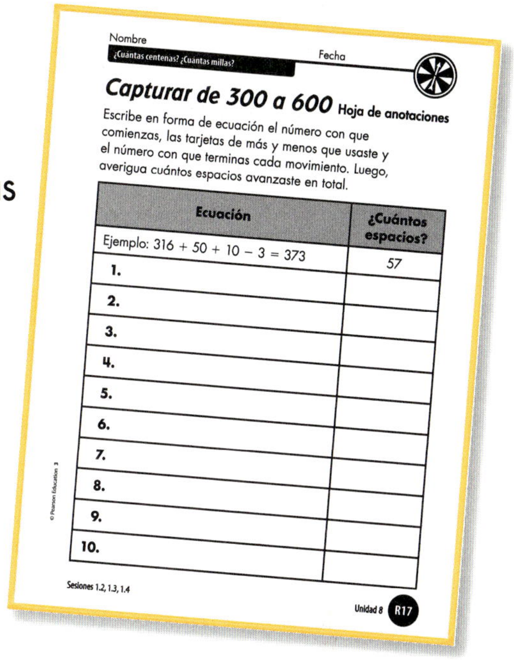
Nombre
¿Cuántas centenas? ¿Cuántas millas?
Fecha

Capturar de 300 a 600 Hoja de anotaciones

Escribe en forma de ecuación el número con que comienzas, las tarjetas de más y menos que usaste y el número con que terminas cada movimiento. Luego, averigua cuántos espacios avanzaste en total.

Ecuación	¿Cuántos espacios?
Ejemplo: 316 + 50 + 10 − 3 = 373	57
1.	
2.	
3.	
4.	
5.	
6.	
7.	
8.	
9.	
10.	

© Pearson Education 3

Sesiones 1.2, 1.3, 1.4

Unidad 8 R17

Necesitas

- tabla de 301–600, con las hojas pegadas
- tarjetas de más/menos
- 30 fichas
- una pieza de juego por cada jugador
- hoja de anotaciones de *Capturar de 300 a 600*

Juega en pareja o en 2 equipos.

1. Coloca 30 fichas en la tabla de 301–600 de modo que cada ficha esté en un número diferente. Reparte cinco tarjetas de más/menos a cada jugador o equipo y coloca las tarjetas restantes boca abajo sobre la mesa. Para comenzar, los jugadores colocan sus piezas de juego en cualquier lugar de la tabla de 301–600.

2. Los jugadores o equipos se turnan para tratar de capturar una ficha. Cuando sea tu turno, mueve tu pieza de juego usando una combinación de tus tarjetas de más/menos para que caiga en un cuadrado con una ficha. Puedes usar desde una tarjeta hasta las cinco que tienes.

3. Si caes exactamente en un cuadrado con una ficha, captúrala sacándola del tablero. Puedes capturar sólo una ficha durante tu turno, y debe ser del cuadrado donde caes.

Capturar de 300 a 600

(página 2 de 2)

4. Anota tus movimientos en forma de ecuación en la hoja de anotaciones de *Capturar de 300 a 600.* Por ejemplo, si comienzas en 445 y usas las tarjetas +2, +10, −100 y +3, anotas 445 + 2 + 10 − 100 + 3 = 360.

5. Halla cuántos espacios avanzaste en total, y anótalo también. En el ejemplo de arriba avanzaste 15 espacios hacia delante (+2, +10 y +3) y 100 espacios hacia atrás (−100), así que en total avanzaste 85 espacios hacia atrás desde 445.

6. Coloca las tarjetas de más/menos que usaste boca abajo en una pila de descarte. Toma tarjetas de arriba de la baraja para reemplazarlas. Si la baraja de tarjetas de más/menos se termina, mezcla las de la pila de descarte y voltéalas boca abajo sobre la mesa.

7. Gana el jugador o equipo que primero capture cinco fichas.

Capturar 5

Nombre
Fecha
Intercambiar pegatinas, combinar monedas

Capturar 5 Hoja de anotaciones

Anota el número con el que comienzas, los cambios que usas y el número con el que terminas cada vez. Por ejemplo:

16 + 10 + 10 − 2 = 34

© Pearson Education 3

R16 Unidad 1

Sesiones 1.6, 1.7

Necesitas

- tabla de 100
- tarjetas de cambio (baraja de 40)
- 12 fichas de un color
- pieza de juego por cada jugador
- hoja de anotaciones de *Capturar 5*

Juega con un compañero o en pareja contra otro equipo de dos jugadores.

1. Coloca 12 fichas en la tabla de 100, cada una en un número diferente. Reparte cinco de las tarjetas de cambio a cada jugador o equipo y coloca las restantes en la mesa boca abajo. Para comenzar, los jugadores colocan sus piezas de juego en cualquier lugar de la tabla de 100.
2. Los jugadores o equipos se turnan para tratar de capturar una ficha. Cuando sea tu turno, mueve tu pieza de juego usando cualquier combinación de tus tarjetas de cambio para que caiga en un cuadrado con una ficha. Puedes usar desde una tarjeta hasta las cinco que tienes.
3. Si caes en un cuadrado con una ficha, la capturas sacándola del tablero. Sólo puedes capturar una ficha en cada turno, y debe estar en el cuadrado en el que caes.
4. Anota tus movimientos en una ecuación en la hoja de anotaciones de *Capturar 5*. Por ejemplo, si comienzas en 45 y usas las tarjetas +2, +10 y +3, anotas $45 + 2 + 10 + 3 = 60$.
5. Coloca las tarjetas de más/menos que usaste boca abajo en una pila de descarte. Toma tarjetas de arriba de la baraja para reemplazarlas. Si la baraja de tarjetas de más/menos se termina, mezcla las de la pila de descarte y voltéalas boca abajo sobre la mesa.
6. Gana el jugador o equipo que primero capture cinco fichas.

Capturar en la tabla de 300

Necesitas

- tabla de 300, con las hojas pegadas
- baraja de tarjetas de más/menos
- 30 fichas
- una pieza de juego por cada jugador
- hoja de anotaciones de *Capturar en la tabla de 300*

Nombre
Colecciones y cuentos de viajes
Fecha

Capturar en la tabla de 300

Hoja de anotaciones

Anota tu número inicial, las tarjetas que usaste y tu número final como una ecuación.

Ejemplo: $116 + 50 + 10 - 3 = 173$
1.
2.
3.
4.
5.
6.
7.
8.
9.
10.
11.
12.

R38 Unidad 3

Sesión 2.3

© Pearson Education 3

Juega en pareja o en 2 equipos.

1. Coloca 30 fichas en la tabla de 300, cada ficha en un número diferente. Reparte cinco tarjetas de más/menos a cada jugador o equipo y coloca las tarjetas restantes boca abajo en la mesa. Para comenzar, los jugadores colocan sus piezas de juego en cualquier lugar de la tabla de 300.

2. Cuando sea tu turno, usa cualquier combinación de tarjetas para tratar de caer en un cuadrado con una ficha. Puedes usar desde una tarjeta hasta las cinco que tienes.

3. Si caes en un cuadrado con una ficha, la capturas sacándola del tablero. Sólo puedes capturar una ficha por turno.

4. Anota tus movimientos en forma de ecuación.

5. Coloca las tarjetas que usaste boca abajo en una pila de descarte. Toma tarjetas de arriba de la baraja para reemplazarlas. Si la baraja de tarjetas se termina, mezcla las de la pila de descarte y comienza de nuevo. Gana el jugador o equipo que primero capture cinco fichas.

Cerca de 100

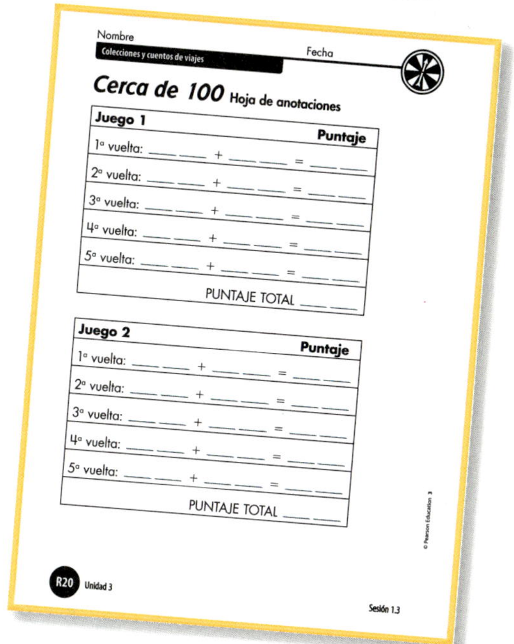
Nombre Fecha

Colecciones y cuentos de viajes

Cerca de 100 Hoja de anotaciones

Juego 1	Puntaje
1ª vuelta: ____ + ____ =	____
2ª vuelta: ____ + ____ =	____
3ª vuelta: ____ + ____ =	____
4ª vuelta: ____ + ____ =	____
5ª vuelta: ____ + ____ =	____
PUNTAJE TOTAL	____

Juego 2	Puntaje
1ª vuelta: ____ + ____ =	____
2ª vuelta: ____ + ____ =	____
3ª vuelta: ____ + ____ =	____
4ª vuelta: ____ + ____ =	____
5ª vuelta: ____ + ____ =	____
PUNTAJE TOTAL	____

R20 Unidad 3 Sesión 1.3

Necesitas

- tarjetas de dígitos (baraja de 44)
- hoja de anotaciones de *Cerca de 100* para cada jugador

Juega solo, en pareja o en un grupo pequeño.

1. Reparte seis tarjetas de dígitos a cada jugador.
2. Usa cuatro tarjetas para formar dos números. Por ejemplo, 6 y 5 podrían formar 56 ó 65. Puedes usar un comodín para reemplazar cualquier número. Intenta formar números que, sumados, den un total cercano a 100.
3. Escribe estos dos números y su total en tu hoja de anotaciones. Por ejemplo: $42 + 56 = 98$.
4. Calcula tu puntaje. Tu puntaje es la diferencia entre tu total y 100. Por ejemplo, si tu total es 98, tu puntaje es 2. Si tu total es 105, tu puntaje es 5.
5. Coloca las tarjetas que ya usaste en una pila de descarte. Guarda las dos tarjetas que no usaste para la próxima vuelta.
6. En la próxima vuelta, reparte otras cuatro tarjetas a cada jugador. Forma más números que se acerquen a 100. Cuando ya no queden tarjetas, mezcla las de la pila de descarte y vuélvelas a usar.
7. Al cabo de cinco vueltas, suma tu puntaje. Gana quien tenga el puntaje MÁS BAJO.

Reunir $2.00

Necesitas

- monedas de 1¢, de 10¢ y dólares

- cubo numérico 1-6 
- cubo numérico 7-12 
- hoja de anotaciones de *Reunir $2.00*

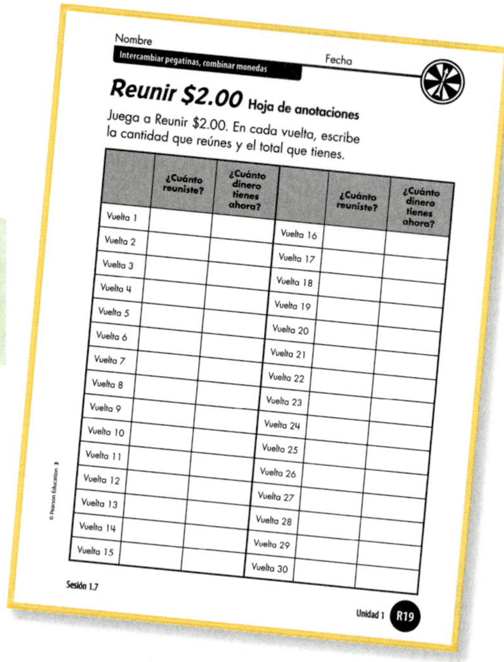

Nombre

Fecha

Intercambiar pegatinas, combinar monedas

Reunir $2.00 Hoja de anotaciones

Juega a Reunir $2.00. En cada vuelta, escribe la cantidad que reúnes y el total que tienes.

	¿Cuánto reuniste?	¿Cuánto dinero tienes ahora?		¿Cuánto reuniste?	¿Cuánto dinero tienes ahora?
Vuelta 1			Vuelta 16		
Vuelta 2			Vuelta 17		
Vuelta 3			Vuelta 18		
Vuelta 4			Vuelta 19		
Vuelta 5			Vuelta 20		
Vuelta 6			Vuelta 21		
Vuelta 7			Vuelta 22		
Vuelta 8			Vuelta 23		
Vuelta 9			Vuelta 24		
Vuelta 10			Vuelta 25		
Vuelta 11			Vuelta 26		
Vuelta 12			Vuelta 27		
Vuelta 13			Vuelta 28		
Vuelta 14			Vuelta 29		
Vuelta 15			Vuelta 30		

Sesión 1.7

Unidad 1 R19

Juega en pareja o en un grupo pequeño.

1. Los jugadores se turnan para lanzar los cubos numéricos y reunir en monedas el número que obtienen.
2. Cuando hayan sacado un número, los jugadores pueden intercambiar monedas por sus equivalentes, si lo desean. Por ejemplo, un jugador podría intercambiar 10 monedas de 1¢ por 1 moneda de 10¢ ó 10 monedas de 10¢ por un dólar.
3. Los jugadores calculan cuánto dinero tienen al final de cada vuelta. Anotan la cantidad que reunieron y el total que tienen en sus hojas de anotaciones.
4. El juego termina cuando cada jugador haya reunido $2.00.

Comparar colecciones

Necesitas

- tarjetas de colección (2 barajas; 1 por cada jugador)
- hoja de anotaciones de *Comparar colecciones*

Nombre Fecha

¿Cuántas centenas? ¿Cuántas millas?

Comparar colecciones Hoja de anotaciones

Detente tres veces durante el juego y anota los números de tus dos tarjetas y las dos tarjetas de tu pareja. Halla la suma de ambos pares de tarjetas. Muestra tus soluciones. Luego, contesta las preguntas acerca de quién tiene más y cuánto más.

1. Mis tarjetas	**Las tarjetas de mi pareja**
___ + ___ = ___	___ + ___ = ___
¿Quién tiene más? ¿Cuánto más?	
2. Mis tarjetas	**Las tarjetas de mi pareja**
___ + ___ = ___	___ + ___ = ___
¿Quién tiene más? ¿Cuánto más?	
3. Mis tarjetas	**Las tarjetas de mi pareja**
___ + ___ = ___	___ + ___ = ___
¿Quién tiene más? ¿Cuánto más?	

R42 Unidad 8 Sesiones 3.1, 3.5

© Pearson Education 3

Juega en pareja.

1. Cada jugador mezcla una baraja de tarjetas de colección y la coloca boca abajo sobre la mesa.
2. Para comenzar, cada jugador voltea las dos primeras tarjetas de su pila.
3. Determinen quién tiene la suma más grande. Ese jugador se queda con las cuatro tarjetas. Cuando la suma más grande es obvia y los dos jugadores están de acuerdo, el jugador puede tomar las tarjetas sin sumarlas. De lo contrario, sumen cada par o estimen para averiguar quién tiene la suma más grande.
4. Tres veces durante el juego, deténganse y anoten. Escriban los números de las tarjetas en la hoja de anotaciones de *Comparar colecciones*. Luego, contesten las preguntas de la hoja.
5. Si los jugadores no se ponen de acuerdo en las sumas, intenten una forma diferente de sumar las tarjetas.
6. El juego termina cuando los jugadores han volteado todas las tarjetas de su baraja. Gana el jugador que tenga más tarjetas.

Emparejar colecciones

Necesitas

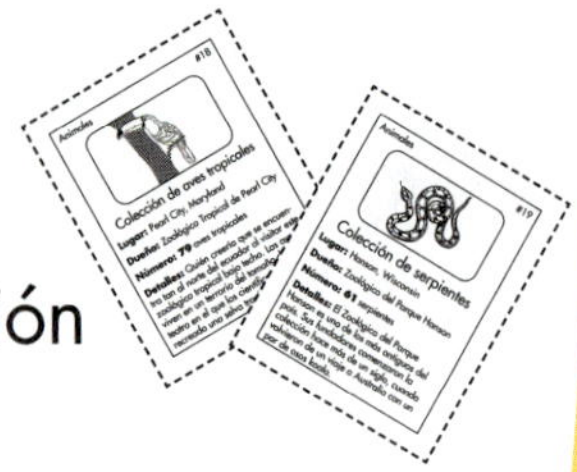

- juego de tarjetas de colección
- *Combinar colecciones: ¿Cuánto en total?*

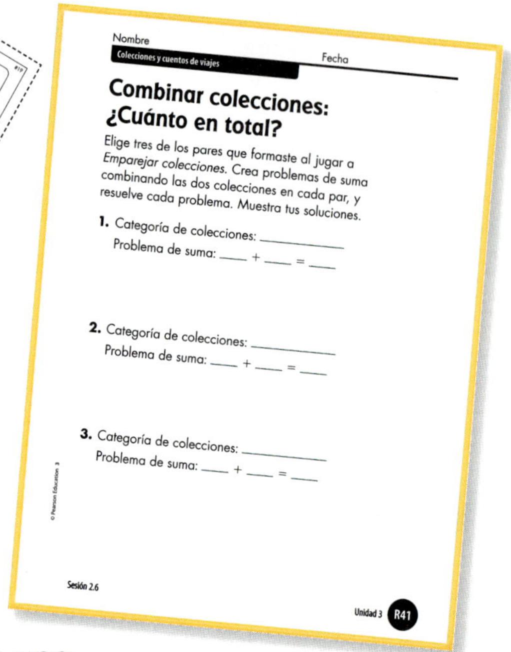

Nombre

Colecciones y cuentos de viajes

Fecha

Combinar colecciones: ¿Cuánto en total?

Elige tres de los pares que formaste al jugar a *Emparejar colecciones*. Crea problemas de suma combinando las dos colecciones en cada par, y resuelve cada problema. Muestra tus soluciones.

1. Categoría de colecciones: ____________
   Problema de suma: ____ + ____ = ____

2. Categoría de colecciones: ____________
   Problema de suma: ____ + ____ = ____

3. Categoría de colecciones: ____________
   Problema de suma: ____ + ____ = ____

© Pearson Education 3

Sesión 2.6

Unidad 3 R41

Juega en pareja o en dos grupos.

1. El objetivo es emparejar tarjetas de la misma categoría y encontrar la suma de las dos colecciones en tres pares.
2. Coloca 12 tarjetas boca abajo sobre la mesa, en 3 filas con 4 tarjetas en cada una.
3. Túrnense para voltear dos tarjetas. Si las dos tarjetas son de la misma categoría, como muñecas, estampillas o deportes, están emparejadas y te quedas con ellas. Si las tarjetas no están emparejadas, las devuelves y pierdes tu turno.
4. Cuando reúnas tarjetas emparejadas, reemplaza las tarjetas que sacaste con otras del juego de tarjetas, para que siempre haya 12 tarjetas en la pila.
5. Cuando se hayan volteado todas las tarjetas, el jugador con más tarjetas emparejadas gana el juego.
6. Cuando todas las tarjetas se han emparejado, cada jugador elige tres pares para resolver una suma exacta. Anota los tres problemas de suma en *Combinar colecciones: ¿Cuánto en total?* y resuelve cada problema.

Contar y comparar

Necesitas

- juego de tarjetas de matrices

Juega con un compañero o en un grupo pequeño.

1. Reparte la misma cantidad de tarjetas de matrices a cada jugador. Deja a un lado las tarjetas que sobren.
2. Los jugadores colocan sus tarjetas en una pila en frente de ellos con las dimensiones hacia arriba.
3. Cada jugador coloca la tarjeta de arriba de su pila en el medio de la mesa con las dimensiones hacia arriba.
4. Los jugadores deciden cuál tarjeta tiene la matriz más grande contando salteado, usando una combinación de multiplicación conocida, poniendo las matrices una encima de otra, o usando alguna otra estrategia. No se permite contar los cuadrados de a uno.
5. El jugador con la matriz más grande se lleva todas las tarjetas y las coloca en la parte de abajo de su pila. Si todas las matrices tienen el mismo producto, los jugadores crean una regla para determinar quién se lleva las tarjetas. Una vez que han decidido una regla, no puede cambiarse hasta que termine el juego.

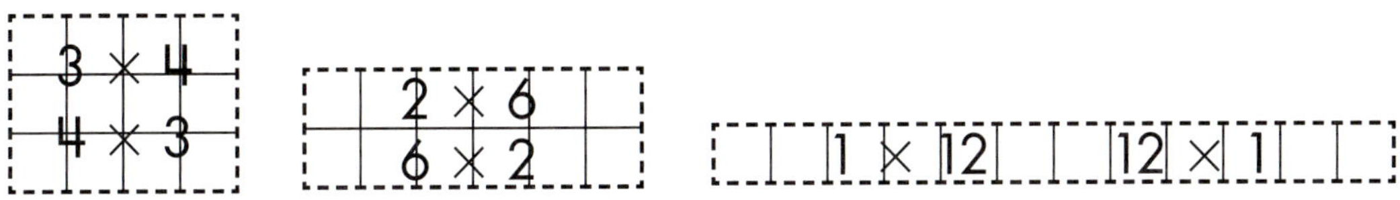

Regla posible: Cada jugador coloca una segunda tarjeta encima de la primera. El jugador con la matriz más grande de todas las segundas tarjetas se lleva todas las primeras y segundas tarjetas.

6. El juego termina cuando un jugador se queda sin tarjetas. El jugador con más tarjetas (o con todas) es el ganador.

Pares de factores

Necesitas

- juego de tarjetas de matrices
- "combinaciones que conozco" y "combinaciones que estoy aprendiendo"

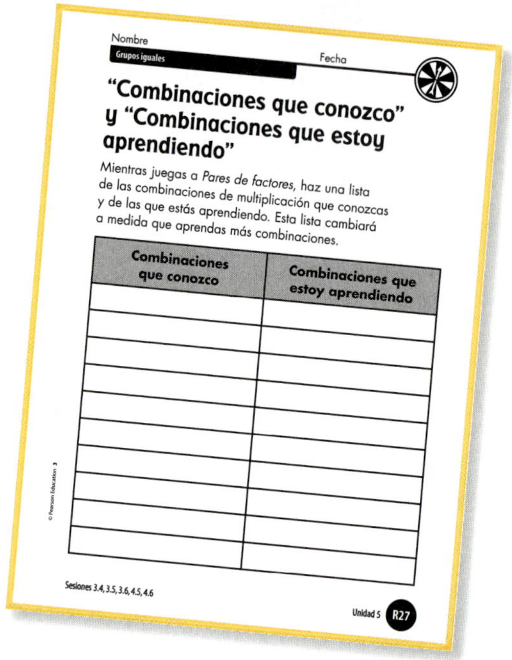

Nombre

Grupos iguales

Fecha

"Combinaciones que conozco" y "Combinaciones que estoy aprendiendo"

Mientras juegas a *Pares de factores,* haz una lista de las combinaciones de multiplicación que conozcas y de las que estás aprendiendo. Esta lista cambiará a medida que aprendas más combinaciones.

Combinaciones que conozco	Combinaciones que estoy aprendiendo

© Pearson Education 3

Sesiones 3.4, 3.5, 3.6, 4.5, 4.6

Unidad 5 R27

Juega solo o en pareja.

1. Dispersa todas las tarjetas de matrices frente a ti con las dimensiones hacia arriba.

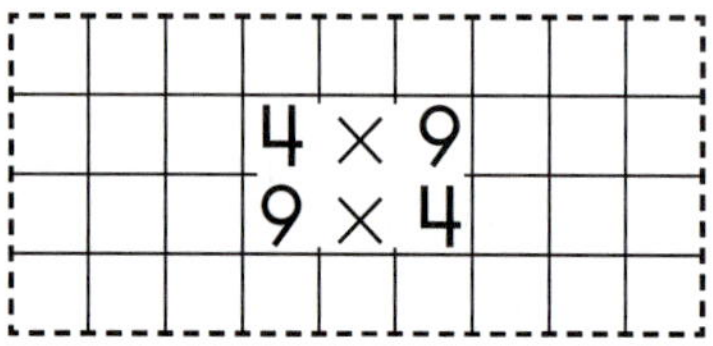

2. Elige una tarjeta de matrices y pon tu dedo sobre ella. Di el número de cuadrados de la matriz si lo sabes. (No levantes la tarjeta hasta que hayas dicho la respuesta.) Si no lo sabes, usa una estrategia para averiguarlo. Halla una manera de averiguar cuántos cuadrados hay sin contarlos.

3. Voltea la tarjeta para comprobar tu respuesta. Si tu respuesta es correcta, quédate con la tarjeta.

4. Si estás jugando en pareja, túrnense para elegir tarjetas y hallar el número de cuadrados de cada matriz. Jueguen hasta que hayan levantado todas las tarjetas.

5. Mientras juegas, haz listas para ti de "combinaciones que conozco" y "combinaciones que estoy aprendiendo". Usarás estas listas como ayuda para aprender las combinaciones de multiplicación.

Galleta fraccionaria (página 1 de 2)

Necesitas

- bloques de patrones
- cubos numéricos de fracciones (2 de un color y 1 de un color diferente)
- *galletas de hexágonos*

Nombre

Buscar partes iguales

Fecha

Galletas de hexágonos

Usa bloques de patrones. Muestra todas las maneras de formar 1 galleta entera. ¿Las has hallado todas? ¿Son iguales algunos de tus diseños?

18 Unidad 7

© Pearson Education 3

Sesión 2.1

Juega en pareja o en un grupo.

1. Cada jugador lanza un cubo numérico de fracciones y toma esa cantidad en bloques de patrones, o "galletas". Anota las galletas que reuniste en *galletas de hexágonos.*

2. Al final de un turno, cada jugador debe tener la menor cantidad de secciones. Por ejemplo, si tienes $2\frac{1}{2}$ galletas en total, deberías tener 2 amarillas y 1 roja. Cambia las fracciones más pequeñas por otras más grandes, y comprueben entre sí sus galletas a medida que juegan.

3. Túrnense y reúnan galletas hasta que hayan completado la hoja. Gana el jugador que termina primero.

Galleta fraccionaria (página 2 de 2)

Intermedio: Sumar galletas fraccionarias (dos cubos numéricos de fracciones)

Cada jugador lanza dos cubos numéricos de fracciones, suma las dos cantidades y reúne esa cantidad de galletas en bloques de patrones. Continúen cambiando fracciones para que siempre tengan la menor cantidad posible de secciones al final del turno. El juego continúa hasta que los jugadores han completado una hoja. Los jugadores también pueden ponerse de acuerdo para llenar dos hojas en esta versión.

Avanzado: Sumar y restar galletas fraccionarias (tres cubos numéricos de fracciones)

Cada jugador lanza dos cubos numéricos de fracciones de un color y un tercer cubo numérico de fracciones de un color diferente, suma las cantidades de los dos primeros cubos, y luego resta la cantidad del tercer cubo de su colección de galletas. Continúen cambiando fracciones de modo que siempre tengan la menor cantidad posible de secciones al final del turno. En esta versión del juego, los jugadores comienzan con dos galletas hexagonales de modo que no se queden sin secciones al restar. Gana el jugador que obtiene cuatro galletas (o cualquier otro número que hayan acordado).

¡Ve a coleccionar! (página 1 de 2)

Necesitas

- juego de tarjetas de colección
- hoja de anotaciones de *¡Ve a coleccionar!*

Nombre Fecha

Colecciones y cuentos de viajes

¡Ve a coleccionar! Hoja de anotaciones

Cantidades en la colección	¿Cuántas centenas?/Puntaje
Ejemplo: 138 + 376	5
1. ____ + ____	____
2. ____ + ____	____
3. ____ + ____	____
4. ____ + ____	____
5. ____ + ____	____
6. ____ + ____	____
7. ____ + ____	____
8. ____ + ____	____
9. ____ + ____	____
10. ____ + ____	____
Total:	____

R26 Unidad 3 Sesión 1.3

Juega en pareja.

1. Reparte cinco tarjetas a cada jugador. Coloca las tarjetas restantes boca abajo en la mesa.
2. Los jugadores se turnan para tratar de emparejar dos tarjetas que sean de la misma categoría. Por ejemplo, si tienes la tarjeta de mariposas (número 17) y la tarjeta de serpientes (número 19), son ambas de animales, entonces tienes un par.
3. Cuando sea tu turno, si tienes un par de tarjetas que puedas emparejar, colócalas boca arriba en la mesa y calcula cuántas centenas tienes en total. Anota la cantidad de centenas en la hoja de anotaciones.

¡Ve a coleccionar! (página 2 de 2)

4. Si cuando sea tu turno no tienes un par de tarjetas para emparejar, pídele prestado a tu pareja. Por ejemplo, podrías decir: "Kelly, ¿tienes una tarjeta de animales?". Si tu pareja tiene una tarjeta de la categoría que mencionaste, debe darte esa tarjeta. Luego coloca el par de tarjetas boca arriba sobre la mesa. Calcula cuántas centenas tienes en total y anota tu puntaje. Si tu pareja no tiene una tarjeta de la categoría que mencionaste, te dirá: "¡Ve a coleccionar!". Toma una tarjeta de la baraja que está boca abajo. Si formas un par, calcula la cantidad de centenas y anota tu puntaje. Si no puedes formar un par, pierdes tu turno.

5. Cada jugador sólo puede formar un par en su turno. Si tienes más de un par en la mano, guárdalo para tu próximo turno.

6. En cada turno, el otro jugador también calculará la cantidad de centenas en la suma de tus dos tarjetas de colección. Compara las soluciones para asegurarte de que tu total sea correcto.

7. Al final de cada turno, descarta o toma tarjetas, para asegurarte de que tienes exactamente cinco tarjetas en la mano cuando comienzas el próximo turno.

8. El juego sigue hasta que un jugador llega a 20 puntos. Si te quedas sin tarjetas, mezcla las de la pila de descarte y úsalas de nuevo.

¿A cuánto de 100?

Necesitas

- baraja de tarjetas de dígitos
- hoja de anotaciones de *¿A cuánto de 100?*

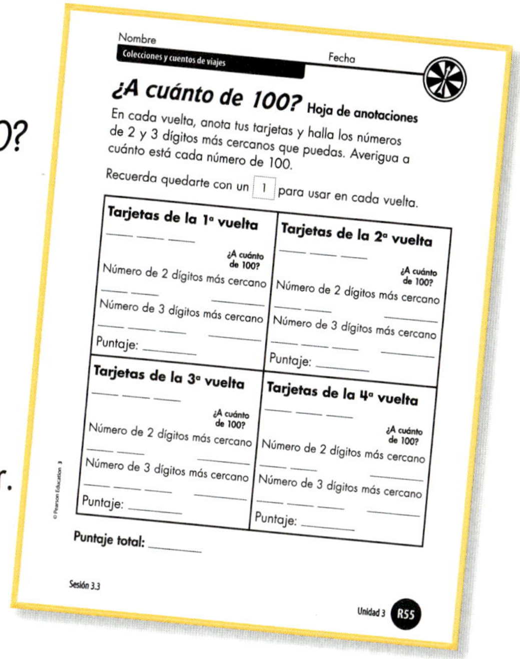
Nombre Fecha

Colecciones y cuentos de viajes

¿A cuánto de 100? Hoja de anotaciones

En cada vuelta, anota tus tarjetas y halla los números de 2 y 3 dígitos más cercanos que puedas. Averigua a cuánto está cada número de 100.

Recuerda quedarte con un 1 para usar en cada vuelta.

Tarjetas de la 1ª vuelta	Tarjetas de la 2ª vuelta
___ ___ ___ ¿A cuánto de 100? Número de 2 dígitos más cercano ___ ___ Número de 3 dígitos más cercano ___ ___ ___ Puntaje: ___	___ ___ ___ ¿A cuánto de 100? Número de 2 dígitos más cercano ___ ___ Número de 3 dígitos más cercano ___ ___ ___ Puntaje: ___
Tarjetas de la 3ª vuelta ___ ___ ___ ¿A cuánto de 100? Número de 2 dígitos más cercano ___ ___ Número de 3 dígitos más cercano ___ ___ ___ Puntaje: ___	**Tarjetas de la 4ª vuelta** ___ ___ ___ ¿A cuánto de 100? Número de 2 dígitos más cercano ___ ___ Número de 3 dígitos más cercano ___ ___ ___ Puntaje: ___

Puntaje total: ___

© Pearson Education 3

Sesión 3.3 Unidad 3 R55

Juega en pareja.

1. Reparte a cada jugador una tarjeta de dígitos de la pila para que la use durante todo el juego. Reparte tres tarjetas de dígitos a cada jugador. [1]
2. Los jugadores usan dos de sus tarjetas para formar el número de dos dígitos más cercano posible a 100. Escriben en la hoja de anotaciones sus números de dos dígitos y a cuánto se encuentran de 100. Después, comentan si han formado los números de dos dígitos más cercanos posible a 100.
3. Los jugadores eligen de las tres mismas tarjetas que recibieron más la tarjeta de dígitos [1] que recibieron al comienzo del juego, y forman el número de tres dígitos más cercano posible a 100. Escriben en la hoja de anotaciones sus números de tres dígitos y a cuánto se encuentran de 100. Después, comentan si han formado los números de tres dígitos más cercanos posible a 100.
4. Los jugadores hallan sus puntajes escogiendo la distancia más cercana a 100 entre sus dos resultados. Por ejemplo, si tu número de dos dígitos está a 14 de distancia y tu número de tres dígitos a 32 de distancia, tu puntaje en esa vuelta es 14.
5. Cada jugador coloca sus tres tarjetas en la pila de descarte y guarda la tarjeta [1] para las próximas vueltas.
6. El juego sigue hasta completar un total de cuatro vueltas, repitiéndose los pasos 1 a 5 cada vez.
7. Los jugadores suman sus puntajes de las cuatro vueltas. Gana el jugador que tenga el menor puntaje.

Formar un dólar

Necesitas

- tarjetas de monedas (baraja de 32)
- hoja de anotaciones de *Formar un dólar*

Nombre Fecha
Intercambiar pegatinas, combinar monedas
Formar un dólar Hoja de anotaciones
Escribe una ecuación para cada par de tarjetas que sumen $1.00.
Ejemplo:
45¢ + 55¢ = $1.00
(ó $0.45 + $0.55 = $1.00)
Puntaje (cantidad de dólares reunidos): ______
Sesiones 2.4, 2.5, 2.6, 2.7
Unidad 1 R43

Juega con uno o dos jugadores.

1. Reparte ocho tarjetas de monedas boca arriba. Coloca el resto del juego en una pila boca abajo.
2. El jugador 1 busca todos los pares de tarjetas que suman un dólar y anota la ecuación para cada par en la hoja de anotaciones.
3. Cuando ya no hayan más pares para formar un dólar, el jugador 2 reparte otras tarjetas para reemplazar las que usó el jugador 1. Cada jugador comienza con ocho tarjetas.
4. Cada vez que todos los jugadores estén de acuerdo en que no se pueden combinar las ocho tarjetas para formar un dólar, se mezclan las ocho tarjetas con las otras y se reparten ocho tarjetas más.
5. El objetivo es reunir tantos pares de tarjetas (dólares) como sea posible. El juego termina cuando todas las tarjetas están en pares.

Variación en el puntaje

Combinar tarjetas que sean iguales a cualquier número entero de dólares. Por ejemplo, un jugador podría tomar tres tarjetas con 50¢, 70¢ y 80¢ con un total de dos dólares. Tu puntaje al final del juego es la cantidad de dólares que has reunido.

Factores que faltan (página 1 de 2)

Necesitas

- baraja de tarjetas de matrices
- hoja de anotaciones de *Factores que faltan*

Juega solo o en pareja. Este juego es una variación de *Pares de factores.*

1. Dispersa todas las tarjetas de matrices frente a ti con las dimensiones hacia arriba.

2. Elige una tarjeta de matrices. Una dimensión está dada. *El factor que falta* es la otra dimensión. Debes decir cuál es el factor que falta. Por ejemplo, si eliges una tarjeta de matrices que tiene 16 como producto, y una de sus dimensiones es 2, el factor que falta es 8.

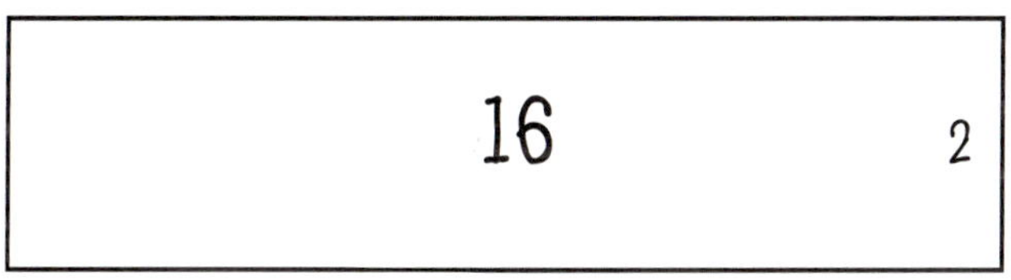

3. Voltea la tarjeta para comprobar tu respuesta. Si tu respuesta es correcta, quédate con la tarjeta. Si tu respuesta no es correcta, devuelve la tarjeta a la baraja de tarjetas de matrices, con las dimensiones hacia arriba.

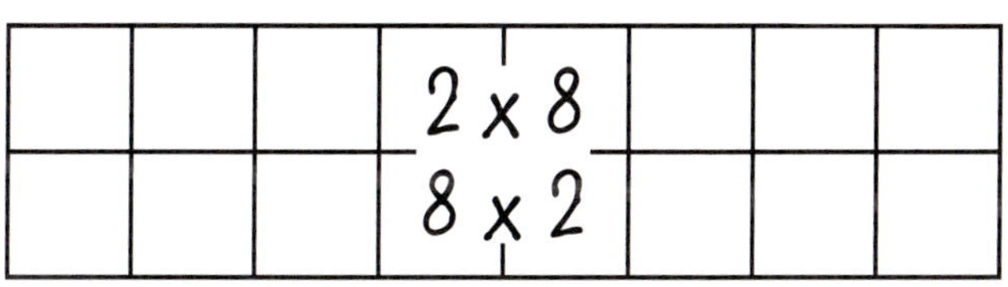

Factores que faltan (página 2 de 2)

4. En tu hoja de anotaciones de *Factores que faltan,* escribe una ecuación que represente cada matriz con la que te quedes. Encierra en un círculo el factor que falta. Por ejemplo:

   $2 \times \textcircled{8} = 16$ o $16 \div 2 = \textcircled{8}$

5. Si estás jugando en pareja, túrnense para elegir tarjetas hasta que hayan levantado todas las tarjetas con los productos a la vista.

6. Cuando sólo queden tarjetas con el lado de las dimensiones, túrnense señalando una tarjeta y diciendo qué hay del otro lado (el producto), quedándose con las tarjetas cuando las respuestas sean correctas. Gana el jugador que tenga más tarjetas.

Practicar con tarjetas de multiplicación

(página 1 de 2)

Necesitas

- 6 hojas de tarjetas de multiplicación
- tarjetas de matrices
- tijeras
- clip
- bolsa de plástico

Juega en pareja.

1. Recorta las tarjetas de multiplicación y escribe tus iniciales y el producto en el lado de atrás. Verifica cada producto con una calculadora, tus tarjetas de matrices o la ayuda de alguien.

2. Pide a alguien que te muestre la parte delantera de cada tarjeta de multiplicación. Di el producto tan rápido como puedas. Si aciertas enseguida, coloca la tarjeta en una pila de combinaciones que "ya conoces". Si tienes que hacer una pausa para averiguar el producto, colócalas en una pila diferente de combinaciones "que estás aprendiendo".

3. Sujeta con un clip las tarjetas que "ya conoces" y colócalas en la bolsa de plástico.

Practicar con tarjetas de multiplicación

4. Mira cada tarjeta de tu pila "que estás aprendiendo". Piensa en una combinación de multiplicación que ya conozcas y que pueda ayudarte a recordar ésta. Escríbela en la línea que dice "Comienza con _________."

   5×6

   6×5

   Comienza con 5×5

5. Practica al menos tres veces con cada una de las tarjetas de la pila "que estás aprendiendo".

6. Coloca todas las tarjetas juntas otra vez (incluyendo las que "ya conoces") y vuelve a hacerlo otra vez. Practica durante las siguientes semanas hasta que no queden tarjetas en tu pila "que estás aprendiendo".

¿Cuál es mi figura?

Necesitas

- *sólidos geométricos*

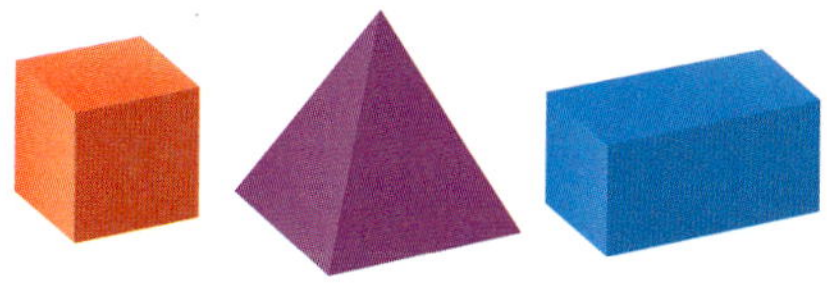

Juega en pareja.

1. Elige un poliedro secreto (una figura con lados planos únicamente) de las figuras de *Sólidos geométricos.*
2. Escribe el nombre del poliedro que elegiste en la parte de atrás de esta hoja o en una hoja aparte.
3. Escribe una descripción del sólido que ayude a alguien a adivinar cuál es el poliedro que elegiste. Escribe al menos dos características de tu sólido.

   Por ejemplo: Mi poliedro tiene exactamente 6 caras cuadradas y 8 esquinas. (Mi poliedro es un cubo.)

Ilustraciones

39–67, 75–104, 108–128 Jeff Grunewald
67 Carla Kiwior
105, 157 Thomas Gagliano

Fotografías

Every effort has been made to secure permission and provide appropriate credit for photographic material. The publisher deeply regrets any omission and pledges to correct errors called to its attention in subsequent editions.

Unless otherwise acknowledged, all photographs are the property of Scott Foresman, a division of Pearson Education.

Photo locators denoted as follows: Top (T), Center (C), Bottom (B), Left (L), Right (R), Background (Bkgd)

Cubierta ©Jos Leys; **10** ©Royalty-Free/Corbis; **27** AGE Fotostock; **66** Getty Images; **76** Getty Images; **87** Getty Images; **104** Andy Crawford/©DK Images; **105** (BR, TR) Getty Images, (TC, T) ©photolibrary/Index Open, (C) Jupiter Images, (CR) ©Stockbyte, (BC) Peter Gardner/©DK Images; **106** (BC) Getty Images, (CR) Corbis, (TC) Getty Images; **107** (BR) Michael Waine/Corbis, (T) Peter Gardner/©DK Images, (CL) Getty Images, (BL) Jupiter Images; **110** Michael Newman/PhotoEdit; **111** (TR, BL) Michael Newman/PhotoEdit; **125** Oliver Eltinger/Corbis; **126** (TL) Jupiter Images, (C) Dave King/©DK Images; **153** Getty Images